黄公望年谱考略

浦仲诚 ◎ 编著

中国言实出版社

图书在版编目（CIP）数据

黄公望年谱考略 / 浦仲诚编著. -- 北京：
中国言实出版社, 2022.4
ISBN 978-7-5171-4105-1

Ⅰ. ①黄⋯ Ⅱ. ①浦⋯ Ⅲ. ①黄公望（1269－1354）
—年谱 Ⅳ. ①K825.72

中国版本图书馆CIP数据核字(2022)第047636号

黄公望年谱考略

责任编辑：张馨睿
责任校对：郭江妮

中国言实出版社出版发行
地址：北京市朝阳区北苑路180号加利大厦5号楼105室（100101）
编辑部：北京市海淀区花园路6号院B座6层（100088）
电话：010-64924853（总编室）　　010-64924716（发行部）
网址：www.zgyscbs.cn
E-mail：zgyscbs@263.net

经销：新华书店
印刷：阳谷毕升印务有限公司
版次：2022年7月第1版　　2022年7月第1次印刷
规格：700毫米×1000毫米　　1/16　　16.25印张
字数：210千字

定价：58.00元
书号：ISBN 978-7-5171-4105-1

元高士黄公望
少時神童將徐麾藝善寫山水诗茶
通縣
己卯人日讀黃王若絲上百石骨圃若□

黄公望画像

名畫家子久先生畫像

民国时期常熟县县府所编《虞山指南》中的黄公望画像

《吴郡名贤图传赞》载黄公望画像

元高士黃公公望

少舉神童
博綜群藝
善寫山水
法通蔡縣

王同愈绘 宗大春雕 黄公望石刻像

黄公望《富春山居图》之《剩山图》

黄公望《富春山居图》

黄公望《富春大岭图》

黄公望《丹崖玉树图 》

黄公望《水阁清幽图》

黄公望《九峰雪霁图》

《至正重修琴川志》载虞山、小山区域位置图

石 湖 毛

常熟虞山西麓黄家山下·原冷泉书院（老石洞）旧影

圣井山主峰（蓬莱庵下正西侧）上的庵洞

黄公望雕像（浦仲诚策划，雕塑家严福煊捐赠）

黄公望"活"起来了

崔 卫

我国马克思主义历史学的主要奠基人翦伯赞先生认为:"不钻进史料中去,不能研究历史;从史料中跑不出来,也不算懂得历史。"这于治史者而言,可谓至理。

我自 1993 年奉师命编撰《中国书画名家精品大典》"黄公望卷"时起,即开始了关于黄公望的研究,但因视野有限、学力不足,故所搜集的史料多为已出版的图书和绘画作品两类,且数量有限;书稿中虽勉为其难对黄公望的生平、思想、艺术成就及影响等做了较为系统的梳理,并稍加探析、阐发,却既未"钻进"史料,也没能"跑出"所占有的史料太远,故成为一时之憾。2000 年,河北教育出版社计划出版《中国名画家全集》,邀我撰写这套丛书中的《黄公望》一册,鉴于前事之憾,我便费时三年,广泛搜寻各种文献资料,踏访相关史迹,史料颇有增益,书稿篇幅也长了不少,探析也略有加深,但我仍觉未能让黄公望这个人物立体、鲜活起来,遗憾、愧疚之心愈甚。因此,虽有同道冠我以"黄公望研究专家"之名,我却始终心中惶恐,不敢以"专家"自居,充其量只是个"打酱油"的。

2010 年,由于媒体对《富春山居图》的报道,在不少地方出现了

1

黄公望研究热潮，"黄公望"成为一个"现象级"研究课题。但或因史料不丰、分布零散，或因这些史料真伪难辨，当然还有众所周知的原因——能长久坚持者并不是很多，所以，大多数地方的黄公望研究热潮转瞬即逝，但是，常熟是一个例外。

常熟是一座名副其实的历史文化名城，在江南的文化发展历程中有着举足轻重的地位，历史上这里曾出现过许多位文化名人。我在这里工作、生活的八年中，这里给我留下了深刻的印象。一方面，政府非常重视文化发展，相关举措积极又严肃；虽然黄公望是闻名中外、誉及古今的伟大艺术家，但作为黄公望故里的常熟，并未将他作为一个资源来消费，而是通过为文化艺术工作者搭建平台和提供保障，来弘扬传统文化精神、推动文化事业发展。另一方面，由于文化底蕴深厚，加之政府不带任何功利色彩的大力支持，因此民间保持着强劲的文化创造实力和旺盛的文艺创作、研究热情，历史上曾经在这里辉煌过的诗词歌赋、琴棋书画依旧深受人们喜爱，且不断发展创新，学术研究也蔚为大观、成果迭出；"黄公望热"出现之前，这里就有一些文化人士长期坚持着这项研究，并成立了学术组织"常熟市黄公望文化研究会"，且取得不少可圈可点的成果；在他们的影响和带动下，队伍不断壮大，研究也逐步走向深入、广博和体系化。

常熟市黄公望文化研究会会长浦仲诚先生二十多年来致力于黄公望研究，著述颇丰，现又撰成《黄公望年谱考略》，并即将付梓。我与浦先生因黄公望而结缘，由相识、相交到相知，称呼也由浦先生到浦老师，再由浦老师到浦兄。因此之故，我有幸能有先睹《黄公望年谱考略》书稿的机会。因为自己曾两度留憾，所以阅读书稿时对浦兄搜集了哪些史料、是否"钻进史料中去"、是否"从史料中跑出来"特别留意。经过近一个月反复、认真的拜读，终于有了答案——他所搜集、整理的大量史料，远超我想象，他深深地"钻"

进去，后又潇洒地"跑"出来。

先看史料搜集

从美术史的角度来看，黄公望地位崇高、影响巨大；从文学史、宗教史角度来看，黄公望在元代乃至其后均有声名；而从历史的角度来看，因元代特殊的等级制度和前期未举办科考，以及古代多有重庙堂轻"江湖"、重事功轻才学、重经学轻艺文的传统，更兼《元史》不立"艺文志"等多种因素的影响，黄公望虽然"幼习神童科""天资孤高，少有大志"，但他还是早年仕进无途，只能委身为吏，中年被累入狱、科考无望，即便他才高八斗、声名隆盛，其生平事迹、艺术成就也未能见录于史书；所以，对于他八十多年起伏跌宕、丰富多彩的人生经历，相关史料显得匮乏且零散。这些为数不多且分布零散的史料中甚至还掺杂了不少附会与传说，数百年来专门、系统研究黄公望者寥寥，黄公望历史形象模糊、单薄的原因也缘于此。

浦兄"胆大包天"，为他人所不敢为、不愿为、不能为，以一股"蛮劲"，耗时二十余年，行程逾三万多公里，足迹遍布江苏、浙江、湖北、江西、安徽、福建、北京、上海等近十个省份，数十个城市，数不清的村镇和山川，探访专家学者和黄氏后人，寻访、考察与黄公望有关的遗迹，搜集关于黄公望的文献。仅在搜集文献这一方面，他所搜集的有关黄公望的家谱、族谱就有二十余种，共计一百二十多册，记载黄公望事迹的史志、寺志、道藏志、私志、私记等千余册，所抄录的文字近百万。

在这浩繁的资料中，浦兄探幽发微，披沙拣金，有了大量令人欣喜的新发现。例如，以往的著述皆谓黄公望年幼时即成孤儿，关于他生身父母的卒年并未有确切记载，浦兄通过查阅史料发现其生父陆统卒于至元十三年（1276），是年黄公望八虚岁，生母卒于元贞元年（1295），是年黄公望已二十七虚岁，这就意味着谱主不是年少时即"父母双亡"，而是"年少失怙"。这一发现对于从心理学角度分析黄公望的个性、艺术风格都有很高价值。再如，一直以来，人们对于黄公望是常熟人这一点很熟悉，从浦兄的《黄公望年谱考略》中可以发现，黄公望不仅出生于常熟，而且在常熟生活隐居了五十多年，在虞山作画无数，许多作品至今尚存并具深远的艺术影响，黄公望开创的"浅绛山水画"技法，影响了中国画坛六百多年，为常熟后代开创"山水画·虞山画派"奠定了基础。又如，浦兄从史料中发现元末明初著名诗人、画家陈汝言是黄公望"三教堂"的弟子。（这对明代绘画史来说是一个巨大的发现，因为吴门画派主要创始人沈周的家族与陈汝言之间有着很深的渊源：沈周祖父沈澄与陈汝言是好友，陈汝言之子陈继是沈周父亲沈恒吉、伯父沈贞吉的老师，陈继之子陈宽是沈周的老师，沈周最著名的山水画《庐山高图》就是为祝贺陈宽的七十大寿画的；陈宽的绘画师承黄公望、王蒙和陈汝言，沈周画风受黄公望的影响最大，学黄公望一路画风的成就也最高，其根源即在于此。此外，《富春山居图》曾一度被沈周收藏，是无用师之后该图第一个有名姓的收藏者，此事与陈家是否有关，值得寻味。）诸如此类的新发现，在这部年谱中不胜枚举。

再看史料加工

在史料加工方面，浦兄用的是"巧劲"。在梳理史料时，以谱主为中心，以宽阔的视野，将繁杂的史料分为谱主行状、家事、族事和友事、邑事、国事等板块；在采用史料时，他先以十年为单位，将谱主八十六年的人生分为九个单元，形成一条纵向链条，然后在每个单元内以谱主每一虚岁当年的行状为圆心，按家事、族事、友事、邑事、

4

国事的次序将"时事"由内而外画出若干同心圆（环），再将经过处理的素材分门别类地编入相应的环中，从而使年谱内容既丰富饱满，又井然有序。值得一提的是，浦兄突破年谱编纂邑事和国事时以政事为主且一笔带过的旧例，而是从正史、方志等文献中摘取政治、军事、教育、水利、农事、建筑、宗教、灾害等多个方面的内容，然后较为详细地加以呈现，这不仅立体地为我们提供了读懂谱主的宏大背景，也有助于帮助读者丰富历史知识，从而延展了年谱的价值。这种巧妙的加工史料方法是创新年谱编纂方式，让刻板、单调的年谱活起来的一次有效尝试。

再看史料运用

浦兄在运用史料方面用的是"活劲"，他从谱主及其相关人士的行迹和有关事物中寻找交汇点，然后大胆想象、小心求证。例如，关于黄公望师从赵孟𫖯习画一事，之前的唯一依据是黄公望题赵氏所书《千字文》诗末句"松雪斋中小学生"；黄公望在杭州西湖筲箕泉畔构筑大痴草庐的时间也不确切。浦兄通过《玉岑山慧因高丽华严教寺志》所记该寺位于筲箕湾旁，赵孟𫖯自元贞四年起曾多次为该寺书碑铭，联想到黄公望曾于此地结庐而居并作过《筲箕泉图》，便从寺志中寻找蛛丝马迹，发现其在任江南浙西道肃政廉访使司书吏期间（至元二十九年至元贞四年）经常出入该寺并在寺内七祖堂四壁上绘画，由此推测二人可能结缘于此，黄公望向赵氏求教绘事也可能始于此时；同时，根据寺志中元末明初诗人张维的诗句"公望结茅讨画理"，进一步印证了这一推测，并推断谱主到杭州不久便结茅庐于筲箕湾畔。这一灵活处理，虽不是定论，但不无道理。同时，这一推测也为黄公望后来在松江正式拜在赵氏门下、绘事不断精进提供了依据，谱主的人生轨迹因此更加趋于明晰。《富春山居图》从章法到笔法、墨法都明显受到赵氏《鹊华秋色图》和《水村图》影响，这二人之间必是有些渊源。

践行"四力"（脚力、眼力、脑力、笔力），用心做好社会科学研究工作。浦兄作为一位文化工作者，用他的脚力尽最大可能搜集史料，用他的眼力处理史料，用他的脑力运用史料，用他的笔力撰成《黄公望年谱考略》，让原先模糊、单薄的黄公望形象变得丰满、立体了，原先冰凉的黄公望形象变得有温度了，原先离我们很远的黄公望离我们更近了。正因为浦兄的"四力"并用，让离开我们已经六百六十多年的黄公望"活"起来了。

辛丑年冬月初十 于金陵莫愁湖畔

（崔卫，南京师范大学教授，《中国美术教育》主编）

纵横经纬述大痴

钱文辉

读过浦仲诚先生编写的《黄公望年谱考略》（以下简称《年谱考略》），觉得写得有创意、有价值。主要体现在两个"新"字：编法新、史料新。

一

先说编法新。黄公望寿八十六虚岁。学界曾有人编过"黄公望年表"，但非逐年列述，很简陋。这本《年谱考略》是从谱主一虚岁到八十六虚岁，逐岁详细列述，以黄公望人生历程之主事为经线、纵线，以邑事、国事、乡事、友事、教事、族事、画事等为纬线、横线，广阔展示谱主黄公望漫长一生的经历和事业。

黄公望是元代人，几乎与元朝一代相始终，所以《年谱考略》列有元朝纪事。粗说纬线一二。如，元朝政治制度方面有民族歧视的倾向、不重视科举制度等，是谓"国事"；黄公望是江苏常熟人，生父母亦是常熟人，他出生于常熟城内，在常熟游历山水、交友绘画，所以《年谱考略》列有常熟纪事，是谓"邑事"；黄公望幼年丧父后，被过继给寓居常熟小山乡的老人黄乐，他随后以小山为乡居处，在此绘画交友，云游四方后常回小山隐居，最后逝世于此，所以《年谱考略》列有小山纪事，是谓"乡事"；黄公望交友广泛，有师者、徒者，更有平辈及忘年交友人，为师者有赵孟頫、金月岩，为徒者有李可道、马琬等，友人有倪瓒、袁桷、危素、张雨、杨维桢、郑元佑等，都要有所叙述，所以《年谱考略》列有友人纪事，是谓"友事"；黄公望六十一虚岁到浙南圣井山拜金月岩为师，正式加入全真教，在圣井山修道、隐居五年，离开圣井山后，即在苏州开设三教堂布道，执弟子礼者甚众，所以《年谱考略》列有其布道纪事，是谓"教事"；黄公望本姓陆，名坚，父名陆统，其先祖是唐代文豪松江陆龟蒙，黄公望八岁丧父，此年过继给寓居小山的永嘉平阳人黄乐为子，推及陆、黄两族之事及黄公望居于常熟、杭州（富阳）等地的后裔，所以《年谱考略》列有家族纪事，是谓"族事"；黄公望中年以后，画事甚勤，现海内外黄公望画作收藏不多，但其实黄公望作画很多，所以《年谱考略》列有何年作何画、绘画、赠画诸情况，是谓"画事"。

这本《年谱考略》采用"经纬相织、纵横相参"的编写法，将谱主黄公望的人生展示得更为具体，更显立体。作者浦仲诚先生的夙愿是"还原一个真实的黄公望"，看来《年谱考略》的写成并出版，是向达到"还原一个真实的黄公望"这个夙愿，又迈进了一大步。

二

再说史料新。浦仲诚先生研究黄公望二十多年，编著有《黄公望文化研究》《黄公望新考》《黄公望传》《黄公望续考》。继两年前《黄公望续考》出版后，他又在研究中发现不少关于黄公望的新史料，这些新发现也成为本书的新亮点、新价值、新气象。

如，黄公望"一虚岁"叙"族事"，列出黄公望有幼叔陆居仁的珍贵史料。陆居仁乃黄公望祖父陆霆龙的幼子、黄公望父亲陆统的幼弟。"五十二虚岁"叙"友事"，列出黄公望挚友杨维桢逝世后葬于松江天马山，和陆居仁、钱惟善同葬一处，称"三高士墓"。

又如"三十虚岁"叙"教事"，考证黄公望六十一虚岁往圣井山入全真教之前，已有涉道教之事："三十虚岁"记黄公望常滞留于杭州马市巷内道观玉阳庵，与道众相聚相交，并在大德二年（1298）行白事道场祭母，事后着道袍入司衙，惹怒宪长徐琰，被其当众怒斥，黄公望不堪遭辱而愤然辞职，自此绝于仕途。这黄公望得道袍于玉阳庵事，以前闻所未闻。

"三十六虚岁"叙"友事"，记其友任仁发（字子明），有贤才、贤能、贤佐三子，可补任氏史料之不足，亦可为《富春山居图·子明卷》补充史料。

再如"五十九虚岁"叙"友事"，辩说黄公望友人袁桷（清容）死事。旧的史料说袁桷死于泰定四年（1327），其时黄公望五十九虚岁。但浦先生详举黄公望给袁桷绘画题记的文字及其他史料，指出此说应存疑。如，黄公望六十一虚岁（1329）在《员峤秋云图》上题记赠于袁桷，又有在1336年，袁桷携纸到小山访黄公望事件，还有在1338年4月，袁桷写信向黄公望索画事件。这些都说明袁桷（清容）并非死于1327年。1327年后袁桷还活着，并与黄公望有多次交往。再如"六十一虚岁"至"六十五虚岁"叙"教事"，记黄公望到圣井山入道事。作者曾经到圣井山考察踏访，考得黄公望诸自号"大痴道人""井西道人""一峰道人"及"净墅""净坚""静坚"等号的由来。

本书引入新史料，淘汰旧史料。如"九虚岁"叙"族事"，列出黄公望丧父，后随母困苦生活之事。不少旧史志记黄公望幼年父母双亡，清康熙《常熟县志》、乾隆《江南通志》、民国《重修常昭合志》都持此说。本书作者认为，黄公望母亲死于黄公望二十七虚岁时，其时黄公望任浙西道肃政廉访司衙门书史。在叙"三十虚岁"中，还引时代更早的明代姚宗仪《常熟县私志》、明代陈三恪《海虞别乘》所记为证，加上黄公望在杭州玉阳庵参白事祭母仪式后，着道袍入衙中之事为佐证，更显可信。

本书叙"乡事"部分，实可作不为人知的新史料视之。黄公望幼年过继给寓居小山黄氏后，一直以小山为居处。以后云游各地，常返小山，逢不少年节都争取返小山乡居。小山亦是黄公望会友作画、修道养生之处。小山独特的地理、人文情貌，小山南坡黄公望隐居的"仙居"（史料称"黄山人所"）所在，小山周遭的虞山、尚湖、湖桥、大小石洞境象，乃至小山各处黄公望作浅绛山水画所用原料赭石，等等，《年谱考略》作者凡处都作记述。

作者世居小山黄氏黄家宅基，从青年时就长期生活于小山下，且熟读小山史志。国内黄公望研究界还未见有如此熟悉小山者。小山是黄公望最重要的居息处，亦可称小山是黄公望最重要的人生驿站。浦仲诚先生将学界难以详知的小山资料列入书中，展示黄公望人生历程，引进新的讯息，产生新的境象，可谓填补了很多黄公望史料的空白。

三

关于黄公望逝世之地，旧史上说，在杭州。旧说在杭州黄公望临终前留下遗嘱，要他在杭州富阳的后裔（黄公望晚年隐居杭州富阳，其次子德宏随侍，有说德宏后裔留在杭州富阳），将他遗体着道袍后运回常熟小山安葬。本书则采用了黄公望留在常熟小山的黄公望长子德远的后裔世代口口相传"黄公望是在小山作画时突然倒下去世的"说法。

黄公望去世永息于故乡小山，使人联想起"黄公望死于虎口的传说"。明代常熟学者姚宗仪《常熟县私志》卷十三《叙族·小山黄氏》说黄公望死于虎口："因月夜发狂大叫，声撼林木，虎从林中出，寒气飕飕，咆哮与啸声相和，大痴不觉虎在侧，而竟为所咥。"这当然是荒诞不经之说，然本书载黄公望故乡小山有两个"老虎洞"：因黄公望所入南派全真教道学，有严禁接近女色的戒律，黄公望学道五年返小山后，在小山南麓山腰平台上自筑数间茅庐，称"仙居"，从此长年独居其中。而茅庐下，有一洞穴，当地村民称作"老虎洞"有泉溢出（有黄公望为张雨作自居地图《屋下清泉图》为证）；另一"老虎洞"在小山南麓东边，为虞山西麓，称老石洞，为黄公望常去的隐息处，当地村民也称之为"老虎洞"。姚宗仪所谓的"死于虎口"之说，是否有暗喻黄公望去世于家乡小山的意思呢？

另外，姚宗仪在《常熟县私志》中说黄公望"发狂大叫"惊动虎出而丧其口。而据钱达道在《鹿苑闲谈》中说，黄公望常在"石梁"处"发狂叫绝"："郭西十里外故有石梁，面山阻湖，望偃卧梁上，时时发狂叫绝，引酒痛饮。"本书介绍小山时引《常昭合志》史料，指明"石梁"即小山旁之湖桥。《常昭合志》载："旧《志》云，盖黄子久登石梁饮酒，即湖桥也。"黄公望丧虎口于故乡小山旁之"石梁"（即湖桥），传说虽荒诞，却启人思索。结合小山黄氏后裔世代相沿老祖宗黄公望在小山作画时突然倒下去世的传说，黄公望去世于故乡小山，并墓安在他当年隐居的平台上，由此或可列为一种新说。

在此著付梓之前，浦仲诚先生邀我校阅他编写的《黄公望年谱考略》并嘱作序，我就把以上的读后感权充拙序吧。

二〇二一年十月十八日 于常熟寓所

（钱文辉，江苏省特级教师，文史学者，常熟市黄公望文化
研究会首席学术顾问）

关于《黄公望年谱考略》一书

浦仲诚

　　黄公望（1269—1354），字子久，出生于战乱频繁的南宋末期，生活于动荡的元代，他的一生又几乎贯穿于整个元朝时代（1271—1368）。因此，研究黄子久的一生，近乎要研究整个元朝的历史。而元朝时期，也是政局和社会动荡不安的时代，史料亦缺失不全。目前可查阅参考的，是由明朝初年宋濂等编撰的纪传体史著《元史》。但在查阅《元史》中的人物传时发现，与黄子久关系密切的人物，仅有其恩师阎复、老师赵孟頫、前辈画家高克恭、朋友揭傒斯等几位在朝廷任高官的人，而包括黄子久在内的"元四家"人物，竟无一人被写入人物传中。这可能是因为黄子久等人官职不高，或仅是平民画家的缘故，没有被当时的史官揽入笔下。

　　笔者长期从事文化工作，20世纪90年代末，就开始注意黄子久史料的搜集、整理和研究。这不仅仅因为黄子久是我的故乡人，还因为黄子久是常熟历史上一位杰出的文化人物，是我国文化艺术史上一位享有世界声誉的山水画家。二十多年来，笔者四处奔走，行程逾三万多公里，沉浸于搜寻与黄子久相关的线索，埋头伏案，痴迷于搜集梳理与黄子久相关的事迹，默默拾掇无数碎片，整理记录千余条笔记。十多年来，先后编撰了《黄公望文化研究》《黄公望新考》《黄公望续考》和《黄公望传·绘图本》四部研究黄公望生平的著作。在自己心中将黄子久的形象，从碎片的、模糊的逐渐变为平面的，又从平面的转化成立体的，再从立体的演变成为透明的。近年来，受到常熟市委宣传部、常熟市政协文史委员会、常熟对外文化交流促进会等社会各界专家、老师和朋友们的敦促、期望和鼓励，如今才敢动此念，试作黄子久的年谱。

编撰黄子久年谱，需要大量史料。除了参考《元史》外，还需要花很大的精力，在其他相关史料中去搜寻线索，需要付出很多的艰辛和汗水，去黄子久生平涉足的地方调查和考察；需要投入很长很多的时间，要查找和参阅与黄子久相关的地方文献及民间图谱、宗谱及族谱。当然，还有在经费方面的巨大付出。

然而，元代历史久远，距今已逾六百多年。黄子久是常熟虞山小山人，生前有大痴道人、一峰道人、井西道人等号。在小山黄子久后世的数十代人中，人们口口相传，始终称黄子久为大痴公。但小山黄氏的家谱，早已在20世纪30年代末在日寇的飞机轰炸中烧毁了。目前大痴公后代中，只有其二十三世孙黄道蕴提供的《大墅桥黄氏传承录》，及二十四世孙黄蓓家中收藏的大痴公十六世孙黄泰的遗传之物，可作为家传线索。如何编撰好这部年谱，心中确是忐忑有加。原因之一，人物时代遥远，史料缺失太多，且实在难觅；其二，稀有的史料中，对人物记载不一，矛盾处甚多；其三，不同史料中载涉同一人物的生卒年，说法不一，多有疑点；其四，人物生平游踪甚广，却少有地方载录；其五，诸多相关地域举证不一，争论颇多；其六，相关专家论述各执一词，部分采信度偏低；其七，人物家族原谱悉已遭损毁，鲜有可证。最重要的是，笔者初试年谱编撰，编撰水平有限。所有这些因素，难免会导致拙著出现许多纰漏。

鉴于上述原因，我感到压力是巨大的。但是，既然决定要做，就必须尽力去做好。以前在研究过程中，曾经因遇相关史料缺失，而又必须要注明所涉及的人物的相关问题时，请教过一位学养深厚的专家老师，他说："除了史证及物证，逻辑性也很重要。分析历史人物日常生活中发生的琐碎事件，要符合时代特点，符合人性，更要注意符合逻辑性，不可违反逻辑。"有鉴于此，我谨小慎微，逐事推敲。从2018年春开始，着手准备资料，历时三年梳理完成。至今春开始动笔，又历两百多个日夜，如今终于完成《黄公望年谱考略》这部书稿的编撰。面对案头的书稿，静思之余，觉得对此稿编撰中做的一些安排，有必要做一下阐释，以助益读者理解。

一是对黄子久年龄的标注。黄子久是常熟人，而千百年来邑人对年龄的记载，都习惯以出生之年为一虚岁。所以谱中以虚岁为记，黄子久一生为八十六虚岁，实为八十五周岁。

二是对邑中相关事件的记述。黄子久游历频繁，居处多变，任书吏在杭州，隐居地为西湖（富春），入道处是圣井山（平阳、瑞安）等，但他的出生地、常居地为常熟，游历时也常回常熟，故将邑事记述其中，读者可方便了解邑中时代形势、背景对黄子久活动产生的影响。

三是谱中加有当年国家重大事件的记述。上述中已说过，元朝时期的政局和社会动荡不安。而时代背景势必会影响到黄子久的生活和所言所行。将当时重大国事加以记述，将有利于读者了解黄子久所处复杂多变的时代对黄子久内心所产生的重要影响。

四是对黄子久行迹的记述。对其行迹的考订，除认真研读已知的史料、书画作品外，还大量参考了相关地区地方志、人物志及宗族谱、图谱的跋述文字记载，以及台北"故宫博物院"出版的一些相关图谱资料信息。对所有的信息逐条梳理后，才形成其生平行迹的脉络。

五是有关黄子久交友的情况。由于元明官方史料中关于黄子久朋友的信息稀少，只能寻觅于与黄子久相关地域中的史料碎片，加以分析研究、梳理。功夫不负有心人，由此而获得千余条珍贵史料，我将其散述于文稿中。

六是黄子久生母的卒年时间。关于黄子久生母的卒年，目前未见有确切的史料记载。但根据姚宗仪编纂的《常熟氏族志》等史料分析，黄子久生母的卒年，是在黄子久于浙西廉访使衙任上（二十七岁）期间。

七是黄子久与赵孟頫初识的时间。据杭州西湖《慧因高丽寺志》载，大德二年，赵孟頫到慧因高丽寺。其时，黄子久住寺外筲箕泉畔茅庐中，是慧因高丽寺常客。

八是黄子久后世及子裔的繁衍情况。考虑到篇幅问题，本著中未将黄子久后世及子裔的繁衍情况详述。若阅读者欲详细了解，请参考本人《黄公望新考》《黄公望续考》两著。

九是《黄公望年谱考略》中史料引用情况。因为黄子久仅担任过元代书吏，是一名平民画家，所以《元史》中极少有关于他的历史笔墨。为了还原一个真实的黄子久，本人二十多年来走南闯北，到处寻访，行程逾三万五千多公里，反复到过黄子久生前所到之处，寻获了大量藏于有关地图书馆、博物馆、史料馆、庙、庵、祠堂的史料，以及黄子久后裔和黄子久生前好友后代所藏有关史料，数逾千种。

应用这些史料，开展实地考察调研，互相参对研究，从中有了一些发现。例如，关于黄子久幼时陆姓的问题，我曾二去松江，主要参考松江博物馆和上海图书馆所藏《陆氏世谱》等；关于黄子久后裔的问题，主要参考常熟图书馆所藏《黄氏五集》，江阴《黄氏宗谱》，以及黄子久后裔的《传承录》等；关于黄子久二十四岁随徐琰到杭州入吏，主要参考常熟文庙碑刻，陈颖《常熟儒学碑刻集》等；关于黄子久在杭州时居西湖筲箕泉，主要参考杭州文史专家鲍志成的《慧因高丽寺》和杭州西湖《慧因高丽寺志》《湖山便览》等；关于黄子久四十八岁至五十岁前在松江"卖卜"情况，主要参考《松江县志》《青浦县志》《光绪嘉定县志》和赵孟頫的《长春道院记》《松雪斋文集》等；关于黄子久六十一岁到圣井山拜金月岩为师入全真教，主要参考《道藏》及赵晶先生《黄公望全真家教考》等；关于黄子久生平记载，主要参考明弘治《常熟县志》、明嘉靖《常熟县志》、清康熙《常熟县志》、常熟《商相村志》等；关于黄子久生平玉山草堂行迹，主要参考元顾瑛《玉山璞稿》《玉山名胜集》《草堂雅集》等。关于黄子久生平交友、作画、行迹的研究，主要参考元徐达左、杨镰、张颐青合编的《金兰集》，以及《中华大典（历史典）》、台北"故宫博物院"《山水合璧》、陶宗仪《南村辍耕录》、夏文彦《图绘宝鉴》、徐晓刚先生《杨维桢传稿》、常熟温肇桐的《黄公望史料》、嘉善吴镇文联的《吴镇史料（1–3）》、无锡倪云林艺术研究会的《倪云林艺术研究（1–11）》，还有《芥子园图传》《富春阳志》《桐庐县志》《平阳县志》《绍兴府（市）志》等，这些资料为黄子久的生平研究打下了较为可靠的基础。

今书稿行将付梓，不周之处可能仍然很多，恳请专家、朋友们加以教正，共同商榷。

以上略述，聊以为序。

二〇二一年九月二十八日 于隐梅斋

目　录

概　述

满腹诗论未应时　藏手丹青传万世

浦仲诚

　　黄公望的一生，寿八十六岁，近于整个元朝。研究黄公望的一生，就近似研究整个元代的历史。元代时期朝廷政局动荡多变，政局不稳，社会动乱不断，历史资料的保存很不完备。黄公望仅是个平民百姓，民间文人画家，未能被列入《元史》中有关于人物的列传之中。如今，要对黄公望等元代时期文人名家的研究，只能凭极有限的资料来作参考，并进行艰难的分析和研究。

　　那么，怎样才能了解一个真实的黄公望呢？本人从着手研究大痴道人黄公望开始，至今已逾二十余年。这二十余年中，为探索黄公望生平，奔浙江，历江西，近福建，进安徽，赴上海，到湖北、北京、南京，访专家，拜名师，探黄族，寻遗迹，纵横江南诸省，辗转数十城市，逾三万五千多公里，阅尽无数山水，搜阅到有关黄公望的家谱、族谱有二十多个版本，达一百二十多册，搜阅到各类有关黄公望史料记载的史志、寺志、道藏志、私志、私记等达千余册，撰写笔记数百条，文字近百万，一个真实的黄公望，逐渐在心中树立起来。

生于乱世幼易姓

黄公望原名陆坚，家位于常熟古城子游巷[1]，出生于一二六九年的中秋节。一二七一年，元世祖忽必烈，建立元朝，并发布《建国号诏》，定国号为"大元"。次年三月二十八日，忽必烈下诏，定都于大都[2]。

一二七六年（至元十三年），那年，陆坚（即黄公望）八虚岁，生父陆统病故，陆坚成了孤儿。此年，元军攻占南宋都城临安，南宋朝廷遗臣偕幼帝南逃。

一二七八年（至元十五年），才十虚岁的陆坚，被隐居于虞山西侧余脉小山下的永嘉平阳人黄乐领养，从此陆坚改姓为黄，名公望，字子久（以下均作子久称），随黄乐移居于小山南山下村中生活。

是年，南宋右丞相兼枢密使、抗元将领文天祥被俘。

在黄子久十一虚岁那年（1279），宋元两军进行了最后一战，史称"崖山海战"[3]。此战，宋军大败，南宋丞相陆秀夫负幼帝赵昺投海自尽，南宋朝正式灭亡。

榜举神童空怀志

一二八〇年（至元十七年）秋，本邑行开神童科考，得黄乐精心辅教的幼童黄子久，参加县神童科考试，以优异的成绩一举中榜。从此黄

---

[1] 子游巷，又称言子巷。

[2] 元大都：今北京。元世祖忽必烈至元四年（1267）至元顺帝至正二十八年（1368）为元代京师。

[3] 崖山海战：崖山，位于今广东江门市新会区南约50公里的崖门镇。崖山海战，又称崖门战役、崖门之役、崖山之战、宋元崖门海战等，是1279年（南宋祥兴二年，元至元十六年），宋朝军队与蒙古军队在崖山进行的大规模海战，也是古代中国少见的大海战。

子久负神童盛名，誉传乡里，幼小的黄子久从此心怀大志，欲在日后可得入仕途。

自元初以来，科举考试一直未能顺利举行，民间许多有才华者、有志报国者，空有一腔热血、一身才华，而被埋没于乡间林野。

文庙修缮遇严徐

一二九一年（至元二十八年），黄子久二十三虚岁。元帝赞识赵孟𬱪才华，欲让赵孟𬱪参与中书省政事，可是赵孟𬱪坚辞不出。元帝下令，凡赵孟𬱪出入宫门，均无禁。从此每见之间，必从容语及国家治道，多所裨益。后赵孟𬱪出任同知济南路总管府事。

是年，常熟儒士杨麟伯，见邑文庙腐坏严重，欲私资助缮，为崇饰之，报请官衙批准。江南浙西道肃政廉访使（原平江肃政廉访使）阎复与江南浙西道肃政廉访使徐琰得知后，亲自前往常熟文庙察看，对杨麟伯公"睹文庙学缺，欲输私资，为崇饰之"之见大加赞赏。阎复与徐琰分别亲书碑文和碑额，后被刻成碑一通，于次年（1292，元至元二十九年）文庙修缮竣工后，被立于常熟文庙学礼门右。

阎复与徐琰此次的常熟考察之行，成为黄子久日后出任浙西道肃政廉访司任书吏的契机。此年末，黄子久随阎复、徐琰到武林（杭州），入浙西道廉访司衙任书吏职。黄子久在书吏任上时，居西湖筲箕泉边自筑的茅庐中[1]，得闲时多与佛道师友吟诗、议道，特别喜聚山水之绘事，爱道家之阴阳卦事，颇得心会。

一二九五年（元贞元年），那年，黄子久二十七岁，其生母病重而逝，黄子久久哀于廉访司书吏职上，孝行三年，期满之日，黄子久在杭

---

[1] 筲箕泉，杭州西湖之南赤山下有慧因高丽寺，寺外有泉流过入西湖筲箕湾。

州马市巷玉阳庵[1]内，着道家之服为亡母做法事，其间竟忘形无束，匆忙间竟着道袍入司衙任事，惹宪长徐琰（容斋）当众怒斥，黄子久羞形无藏之下，竟愤而辞职离去。

辞职归乡浪岁月

黄子久归乡回小山村上时，年已三十一岁。而立之年，无立可言，子久心中十分惆怅。他在山村中与儿戏耍，或读书作画，或出游于玉山、长洲[2]等虞山周边山水之间。

一二〇四年（大德八年），黄子久三十六岁。地震、水漫等自然灾害不断发生，在黄子久家乡常熟及吴江、松江等地，因海口故道泥沙久淤，潮水淹没良田百有余里，导致民不聊生。为抗灾救民，是年朝廷在常熟设立行都水监，委松江人任仁发（子明）任行都水监少监，统领治理福山、浒浦、白茆、耿泾诸浦疏浚工程。

是年秋，黄子久仍居于虞山小山村中。无所事事的黄子久，在家乡山中作了《游骑图》。每处静时，回思人生，虽学富谓五车，却有志而无仕，庸庸碌碌，愧与家人，知脾性却无改，惟胸怀丘壑山水。如此落寞中，黄子久的日子过得无聊。结书友搭酒朋，放浪于江湖，除千丝烦恼，十年飞逝。四十一岁春，黄子久随友出游至玉山，参加雅集活动，兴奋之间，他在玉山作了一幅《临李思训·员峤秋云图》（子久在诗中说，自己对此作十分喜欢，常随于行囊，二十年后仍随身携带至圣井山，加题诗后赠予友清容）。

---

[1] 玉阳庵：玉阳庵原系王处一奉旨所建道庵，《西湖游览志》卷十三有注。王重阳弟子王处一，有道号玉阳真人。玉阳庵在杭州马市巷内，为道家所聚处，黄子久常滞留于此庵中。

[2] 玉山、长洲：玉山，即今昆山。长洲，元代苏州吴中旧县名。

再度为吏遭狱祸

一三一一年（至大四年）元武宗去世。五月，皇太弟爱育黎拔力八达即位于大都，是为元仁宗。仁宗登基后，为了整顿吏治，改革由吏入仕制度所带来的某些弊端，主张以儒治国，重新提出"求贤取士，何法为上"的问题[1]，重用儒臣，施行新政。

是年，黄子久四十三岁。虽居于虞山小山村中，心中却牵挂十年前在武林（杭州）任上时诸多朋友及西湖筲箕泉旧舍，又闻当朝重新提出"求贤取士"施行新政的消息后，再往武林。是夏，于西湖畔遇旧识江浙行省平章政事张闾，得其赏识，聘子久为衙中书吏。

黄子久再任书吏后，将筲箕泉茅庐旧舍整修一番，续居其中。他独处时，思量人生，大半已去，当年怒而辞职，乃年轻气盛草率之举，枉费十年光阴，今复为书吏，可谓"大痴"之人。乃将茅舍诩为"大痴茅庐"。子久当年诸多旧识，均来庐道贺、叙旧谊，一时门盈。

一三一二年（皇庆元年），皇帝仁宗将其任河南江北行省右丞的儒师王约召来，特命为集贤大学士，并将他的"兴科举"建议，著为令甲[2]。时黄公望四十四虚岁，这年黄子久的长官张闾奉诏调大都，任中书省平章政事[3]，子久随张闾入京，继为衙中书吏。

一三一三年（皇庆二年）农历十月，仁宗要求中书省议行科举。农历十一月十八日，仁宗下诏，恢复科举，强调"举人宜以德性为首，试艺则以经术为先，词章次之"，规定"四书"设问以朱熹《四书章句集注》为准，并确立了蒙古、色目、汉人、南人分卷考试，各取二十五人的制度。

---

[1] 见《黄金华集》卷四十三。
[2] 令甲：法令的第一条。见《元史·王约传》。
[3] 中书省平章政事，约朝廷副丞相之职，从一品衔。

一三一四年（延祐元年）八月，仁宗颁诏"延祐开科"，各省举行乡试，一共录取三百人。按规定的解额上贡京师。同年中，张闾向皇帝建言"行经理之法"[1]，以使各投下、寺观、学校等从实纳税服役。仁宗采纳他的建议，派张闾等往江浙，尚书马丁等往江西，左丞陈士英等往河南，经理田赋，命行御史台分台镇遏，枢密院派军防护。先期张榜示民，限四十日赴官府自报田产。如有作弊，许知情人揭发，按欺瞒数额多少处罚，最重者可流放北地，没收所瞒田产。州县官若不认真勘查，一经发现有脱漏情形，量事论罪，重者除名。

由于官吏多与富豪勾结，"并缘为奸"，致使延祐经理成为流毒三省百姓的暴政，江西信丰县甚至出现了撤屋夷墓以充顷亩的现象，江西赣州路更是引发蔡五九领导的大规模反元武装起义。次年（1315），仁宗被迫下诏，免三省经理出来的隐瞒田土三年租税。延祐五年（1318），又下诏，河南所查出的不实田地，每亩减半征收租税，江西部分地区（主要是蔡五九起义的地区）亦免新税。

一三一五年（延祐二年），子久四十七虚岁，随中书省平章政事张闾回江浙武林（杭州），在张闾衙中任书吏，助张闾经理田粮事，居筲箕泉大痴茅庐。因张闾以经理田粮事大动干戈，大肆贪污，以"括田逼死九人案"惊动朝廷，张闾被朝廷逮捕鞫讯。子久因受牵连而下狱，拘于狱中。

是年，朝廷于二月一日至五日，颁诏举行"延祐复科"[2]会试、廷试。农历二月一日，三百名乡试合格者在大都举行会试第一场，三日举行第二场，五日举行第三场，取各省乡贡进士中选者一百人，聚礼部

---

[1] 行经理之法：即经理田粮。限百姓在四十日内赴官府自报田产，以便朝廷按数核收税赋。有作弊被揭发者，按欺瞒数额重罚，最重者可流放北地，没收所有田产。

[2] 延祐复科：元朝停科后于延祐二年再次以科举取纳人才。此后，科举每三年举行一次，只在顺帝后至元元年至六年间中止了两科。

举行会试。三月七日，仁宗举行御试，最终录取护都答儿、张起岩等五十六人，分别赐予进士及第、进士出身、同进士出身。

黄子久好友杨载参加这次科考得中。杨载博涉群书，少时即有才名，年四十时仍未仕，后以布衣招为国史院编修。中进士后，被授浮梁州同知职，后官至宁国路推官。

一三一六年（元延祐三年），时黄子久四十八虚岁，黄子久经朋友们奔走之助，又经朝廷审察"经理田粮案"与黄子久牵涉不大，"未几出狱"，黄子久被释。

黄子久虽出狱，却失去了书吏之职。欲返虞山，想起杨载在信中的许诺，心中对官宦仕途，仍抱一丝希望。于筲箕泉茅庐内休养数日，即奔吴兴杨载处。在吴兴杨载留居处，黄子久与杨载相见，感慨万千。杨载遵前诺，手书举荐书信一封授予黄子久，荐往松江知府汪从善处，或可谋得差使。黄子久怀揣杨载的书信，谢辞杨载，回到家乡虞山。于小山村家中，黄子久感到事业未成，愧对家人，他在家休养一段时日后，即奔松江，投知府汪从善处。

松江卖卜拜恩师

可能是黄子久曾受经理田粮"括田逼死九人"案牵连，或其有被官府拘狱之故，黄子久在汪从善处未能谋得差使，黄子久再度为吏的期待又一次落空。无奈之中，黄子久落泊于松江[1]，以卖卜度日近两年。

一三一七年盛夏，黄子久在松江又遇赵孟頫。时年，赵孟頫已辞朝退休，为处理夫人管道升后事，赵孟頫到夫人娘家祖籍青浦。事毕后，到松江城内会友。忘年朋友相见，物事全非，彼此感慨万千。闲叙中，

---

[1] 松江府：元代辖华亭（云间）、青浦、娄县等。

黄子久萌生随赵孟頫学画的念头。在云间老友知止堂主夏世泽的谋划下，黄子久拜赵孟頫为师，后到吴兴入松雪斋学画近四年。

据多种相关史料记载，黄公望与赵孟頫在松江有多次交聚。如，在元大德十一年（1307）十二月，赵孟頫曾到松江，并为"宝云寺"[1]写过碑文（《寰宇访碑录》）。在延祐四年（1317）六月三日，赵孟頫曾为松江"众福院"作篆书院额（《光绪青浦县志》卷二十九）。在延祐六年（1319），赵孟頫又为"圆通寺"写寺记（《光绪嘉定县志》卷二十九）。在至治元年（1321）五月，赵孟頫在华亭又写《长春道院记》（《寰宇访碑录》）。在至治二年（1322），赵孟頫卒（见《松雪斋集》附录）。

从上述史料中可见，赵孟頫曾多次到松江，有多次恰逢黄子久也在松江。如，在元大德十一年，黄子久（三十九岁）在松江。此年十二月，赵孟頫在松江并为"宝云寺"写碑文（《寰宇访碑录》）。延祐四年（1317），黄公望（四十九岁）在松江卖卜。此年六月三日，赵孟頫在松江为"众福院"作院额（篆书）（《光绪青浦县志》卷二十九）。延祐六年（1319），赵孟頫在松江为"圆通寺"写寺记（见《光绪嘉定县志》卷二十九）。是年，黄子久（五十一岁）追随赵孟頫从松江到吴兴，成赵孟頫入室弟子。

一三二一年（至治元年），黄子久五十三虚岁。是年，朝廷又开恩科，是年三月，皇帝又廷试进士，赐泰布哈、宋本等六十四人及第出身。

黄子久闻讯后无动于衷，专心于当好"松雪斋中小学生"。黄子

---

［1］宝云寺：建于唐大中十三年（859），位于金山区亭林镇。传"宝云寺"有1048间，梵宇轩昂，绵延数华里，为"江南名刹之五，华亭之最"。赵孟頫《宝云寺记》行楷墨迹刻本，残碑现存于亭林镇政府内。

久虚心好学，求是求问，学而不倦，得恩师赵孟頫精心指点和示范，学业大进。赵孟頫的一家人，都是书画大家，其夫人管道升[1]生前也是书画女杰。赵孟頫的外甥王蒙，则先于黄子久拜在舅父赵孟頫门下为弟子，两人从此相识。论年龄，王蒙比子久小许多。论入门时间，王蒙却先于子久，是黄子久的师兄，从此两人成为忘年之交。

王蒙工诗文、书法、山水人物，是黄子久交谊较深的朋友，也是黄子久小山仙居中的常客。王蒙元末为官，至明初，曾出任泰安知州。王蒙善山水画，重厚墨，构图繁密，碎苔细点，画面充实，景色郁然深秀，倪瓒曾赋诗称赞，"王侯笔力能扛鼎，五百年来无此君"。他与黄子久、吴镇、倪瓒被后人并称"元四家"，是其中年龄最小的人。

黄子久在吴兴时，常遇许多官场士大夫来莲花庄探访赵孟頫，如危素、袁桷、杨维桢、姚文奂、顾信、陈存甫、倪文光（倪瓒兄）、倪瓒等，许多人从此成为子久的朋友。当年末，黄子久才离开吴兴，回家乡虞山小山。

黄子久离开吴兴的次年，即一三二二年（至治二年）六月，赵孟頫在莲花庄病逝，终年六十九岁。

画名初震招雅客

黄子久在吴兴期间，细心体会老师所教精要，回乡后不断临作唐代大家王维以及董源、巨然等名画家作品，所作山水画现出神入化之象，从此画名大振。

---

[1] 管道升（1262—1319），字仲姬，又字瑶姬，德清县茅山村人，元代著名的女书法家、画家、诗词创作家。自幼聪慧，能诗善画，又工山水，擅墨竹、佛像、诗文书法，负盛名，笔意清绝。嫁赵孟頫，世称管夫人，册封魏国夫人。元延祐六年五月十日病卒。

一三二三年（至治三年），子久虽隐居小山村中潜心作画，名声渐已外扬。是年春，第一位到常熟小山黄子久处拜访子久的，是子久的忘年好友危素[1]。

危素比子久小三十四岁。两人相识于吴兴赵孟頫处，与子久交谊很深，是忘年之交。危素游涉于虞山，到小山黄子久茅舍，向子久索画。子久应允危素文求，许诺日后一定付之。

黄子久在小山家中清贫度日，潜心作画。朝廷政局动荡，百姓多灾多难，诸多悲惨事件，亦入子久心胸。黄子久虽身处小山村，却怀怜悯心，叹自己曾怀一颗报国之心，却仕途屡有不堪，然如今亦无可奈何，心中萌发了出家入道之念。

千里学道圣井山

一三二九年（天历二年），黄子久身处山村，却生厌世之心。是年春，黄子久与好友倪瓒相约，一起跋山涉水，来到浙南永嘉平阳与瑞安的交界处，遁入飞云江畔的大山——圣井山中（圣井山距虞山有一千五百余里，是元代名道金月岩修道之所在），同入道门。

在浙南圣井山主峰顶东坡，有时代久远、规模最大、保存完整的全石结构的石殿建筑群"圣井观"。圣井观，始建于南宋景定元年（1260），历史悠久。（现存的圣井观，是明代万历至清光绪年间屡次重筑遗迹。）观内有石井一口，名"青龙泉"井，位于山巅石殿神座前供桌下，"深广不盈尺，永无盈涸，清洌甘甜"，因而人们口碑相传，称

---

[1] 危素生平得子久《春山仙隐图》《茂林仙阁图》《虞峰晚秋图》《雪溪唤渡图》（此四幅称《虞山四景图》）、《秋山图》《山水二十帧》《仿古二十幅》等作品近五十幅，是为最多者。为此，吴镇曾作诗《子久为危太朴画》："子久丹青好，新图更擅长。浮空烟水阔，倚岸树阴凉。咫尺分浓澹，高深见渺茫。知君珂珍重意，愈久岂能忘。"

为"圣井"，所以此观以"圣井"为名，久而久之便把原祀许旌阳的许真君殿，也称作圣井山石殿，进而把整座山许多山峰也统称为圣井山了。

在圣井山主峰顶上的道观蓬莱庵中，子久与倪瓒同拜道长金月岩为师，正式加入了全真教，成为金月岩门下弟子。子久从此自号"大痴道人"，不久，又取"井西道人""一峰道人""净墅道人"等号。

黄子久在圣井山上学道期间，有危素（见子久诗中称，还有清容居士袁桷）等先后到山中寻访黄子久，危素把自己带来的家藏宋纸二十方，赠予黄子久，云"非大痴笔不足以当之"。危素赠这些珍贵宋纸，嘱黄子久为其作画，子久再次应诺："日后付之。"

黄子久在圣井山上修道五年，其间，走访过养父黄乐之家族，游尽山中胜景，帮助师父金月岩完成了内丹典籍的编写，同时在他心中印下了"山居图"的初貌。

一三三三年（元统元年）冬，黄子久辞别师父金月岩及观中诸师兄弟，下了圣井山，回到家乡。（1336年，即在黄子久离开圣井山三年后，黄子久六十八岁那年，金月岩逝于圣井山上。）

文德桥开"三教堂"

一三三四年（元统二年），黄子久六十六虚岁。回到家乡后，他在虞山西麓边的小山南麓上那片年轻时经常观赏山水景色的山腰平台上，自筑了数间茅庐，从此独居其中。

黄子久修的是全真教南派道学，全真教南派道学严禁门徒近女色。黄子久严守这条戒律，从此拒住家中，直至身故。村上的人们见五年多未见的子久，变了一个人似的，猜不透其中的缘故。

黄子久在小山所隐之处，僻静而幽深。清初常熟学者吴历，曾寻访黄之旧居时，有诗《题黄子久虞山小筑》，曰："痴黄小筑傍溪湾，松径萧萧木叶斑。秋静绝无游屐到，一峰苍翠板桥间。"

是年二月，元帝下诏："科举取士，国子监积分、膳学钱粮，儒人免役，悉依累朝旧制。学校官选有德行学问之人以充。"朝廷上下兴举学校[1]。已六十六虚岁的黄子久，在小山南麓茅舍中，静心梳理五年之间所学之得，心中萌生"传教济世"的念头。

是年仲春，黄子久到苏州，在文德桥畔择舍，开设了"三教堂"（佛、道、儒），开始布道授徒。黄公望在"三教堂"中，既传道学之徒，又带画学弟子，不避男女，严格要求，倾心相教，吸引许多才俊投其门下。

在他的弟子中，有位名唤李可道者，为子久所喜，谓亦徒亦友。李可道，又称李少翁，河南濮阳人，生卒不详，由元左司郎中，接授荆湖北道按察使。在高启的《凫藻集》记中有"吴华山有天池石壁，老子《枕中记》云：'其地可度难'，盖古灵也。元泰定间，大痴黄先生游而爱之，为图四五本，而池之名益著。此为其弟子李可道所画，尤得意者也。"见子久《天池石壁图》题小引。黄子久的弟子众多，除李可道外，还有马琬、赵原、陈汝言、陆广、张中、沈瑞等。

---

[1] 兴举学校：1334 年 2 月，元帝下诏："科举取士，国子监积分、膳学钱粮，儒人免役，悉依累朝旧制。学校官选有德行学问之人以充。"1335 年 11 月，朝廷又罢科举。1336 年 6 月，礼部侍郎呼勒岱又请复科举取士之制，被驳回。1340 年 12 月，又有帝诏"复行科举"：国子监积分生员，三年一次，依科举入会试，中者取一十八人。1342 年 3 月，皇帝又亲试进士七十八人，赐拜珠、陈祖仁等及第出身。1345 年 3 月，帝亲试进士七十有八人，赐巴布哈、张士坚等及第出身。1351 年 3 月，皇帝亲策进士八十三人，赐多勒图、文允中等及第出身。1352 年 3 月，皇帝又诏："南人有才学者，依世祖旧制，中书省、枢密院、御史台皆用之。"

归来画山复画水

一三三五年（至元元年），黄子久暂时离开苏州，回到虞山。已经年高六十七岁的他，每日在小山南麓上自筑的茅庐（史称黄山人所）中隐居作画。

某日，黄子久想起六年前在圣井山上，危素太朴先生曾以二十方珍贵宋纸相赠，并再三嘱自己为其作画之事。心中觉得对太朴先生赠纸之情有些歉疚。竟自述道："这些年来，沉心构思，至于竟夕，未能数笔。偶以心事作恶，经月弃去，故淹滞六载。"

为完成危太朴的嘱画请求，黄子久不辞辛苦，一年中相继完成了《柳市桃源》《春林列岫》《柳塘渔舸》《桃溪仙隐》《亭林萧散》《纯溪归棹》《春江花邬》《长林逸思》《秋江渔棹》《江深高阁》《霜枫归旅》《秋江帆影》《柳浪渔歌》《松坡晴嶂》《秋山深处》《枫林寒岫》《溪阁松声》《江山萧寺》《烟岚云树》《雪山旅思》，共计二十幅。

对这二十幅画，黄子久自己认为："清而雅，秀而润，画法之妙，全得于（在外）游览之助。"

好友郑元佑在其《侨吴集》卷三《黄公望山水》中说道："姬虞山，黄大痴，鹑衣垢面白发垂。愤投南山或鼓袒，扬勇饥驱东阁，肯为儿女资。不惮北游行万里，归来画山复画水……"

黄子久虽然身隐小山，但赴小山寻访黄子久者却络绎不绝。一三三五年春，梅花道人吴镇先生到访小山。（子久诗中有述，随之而来的还有清容先生携纸访子久山居茅舍，向子久索画。）

黄子久在小山南麓山居中，除专心作画外，还常常外出访客，步游虞山、尚湖，饱览虞山、尚湖无限美景，常常一人或携友登虞山，游尚湖，于虞山石室"冷泉山房书院"读书休息，或与友手谈下棋，喝酒作画，生活洒脱，心境轻松，度日似飞。

黄子久在小山隐居的日子，一晃近三年。离开伤心之地杭州，已经有十多年了，他心中十分挂念当年在杭州西湖的那些朋友，也怀念在杭州西湖边自己的"大痴茅庐"是否依然在，心里决定再到西湖走走看看，拜访好友们。

筲箕泉边大痴庵

一三三八年（至元四年）春，已七十岁的黄子久，其身影终于又出现在杭州西湖边。一别十年有余，物是人非。黄子久想起前事，如今身份已为道家人，心中十分感慨，竟把"大痴茅庐"移称为"大痴庵"。

是年中，黄子久次子德宏，亦携家人至杭州，随子久暂同居筲箕泉大痴庵[1]中。

仲春景丽，黄子久兴作《听泉图轴》。回到筲箕泉后，其好友陈存甫得知后，随即到西湖黄子久草庐拜访。在大痴庵中，黄子久与陈存甫（陈存甫，字以仁。福建三山人，寓居杭州。据《录鬼簿》载，陈存甫是杭州人）畅论"生命之理"。子久云："性由自悟，命假师傅。"陈存甫云："不然，性则由悟，不假师傅。命则从傅，必由理悟。"子久听后，服其论（见《辍耕录》）。

是年四月，有清容先生再次来函催画。子久心中愧疚，觉得不宜再拖延，遂用两年前清容先生嘱画之纸作《为清容长幅》，并赋一律：

---

[1] 大痴庵：黄子久入道归来后再居筲箕泉茅庐时的移称。据杭州《慧因高丽寺志》载："赤山之阴，有泉曰筲箕，元黄子久公望筑室其上，号大痴庵。其次子德宏同居其间。"又据虞山《黄氏五集》载：是年，子久次子黄德宏到杭州，与子久同居筲箕泉大痴庵中。另有湖北黄州、新洲《黄氏宗谱》等亦载，子久次子黄德宏与子久同居于西湖边。

"入山眺奇壑，幽致探何穷，一水清岑外，千岩绮照中。萧森凌杂树，灿烂映丹枫，有客茅茨里，居然隐者风。"

九月，住在与筲箕湾黄子久大痴庵仅百步的浴鹄湾黄篾楼[1]的好友张雨造访大痴庵，子久为其作画《秋山幽寂图轴》一幅。当月，黄子久又逢阔别十年的武林[2]友人范子正来访筲箕泉大痴庵。见之，黄子久悲喜交集，作《赠别图》一幅。（有图史说：当月末又有松江籍好友、隐者任仁发[3]及其兄无尘真人来筲箕泉草庐访黄子久，三人相约一起回到松江。）

十一月，黄子久携友从松江又到常熟虞山，在虞山西麓致道观（元代时虞山脚下的道家观庵）中借宿二旬。致道观内，有黄子久好友、居士阿里西瑛。阿里西瑛，人称"和西瑛"，回族人，工散曲，善吹笙箫，生卒年不详。据传，阿里西瑛躯干魁伟，居吴城娄东（太仓）。在虞山南麓的致道观中，有阿里西瑛的居处"懒云窝"，是黄子久常去的雅聚之所。送走了朋友后，黄子久才回到小山。此后，黄子久在小山南麓茅庐中隐居读书、作画，闲时游览虞山、尚湖。

来去虞山又十年

一三三九年（至元五年），重归隐于家乡虞山小山的黄子久，时已七十一岁。至此，黄子久从绘事已四十年，每闲时他想起"余绘事至此已四十年，每问水寻山，探奇历胜，触景会心，觉笔端生意勃勃，然

---

[1] 浴鹄湾黄篾楼：杭州西湖东南处，茅山道人张雨隐居之所，与子久大痴庵相近。

[2] 武林：杭州旧称。

[3] 任仁发，字子明。其子贤才、贤能、贤佐三子，孙任子文、任晖、任士质，外孙卫仁等均与大痴有交谊。见蒋志明《吕巷文脉》。

尚感有所未逮"。开始作《仿古二十幅》，以从中领略古人笔韵。

此《仿古二十幅》为：《仿黄筌春林图》《仿巨然》《仿赵干》《仿李思训》《仿王晋卿》《仿王摩诘松岩夕照》《仿项容》《仿李昭道》《仿关同秋山图》《仿洪谷子》《仿王示元》《仿董源》《仿范宽》《仿卢鸿》《仿郭熙早年笔》《仿赵大年》《仿米元章》《仿米元晖》《仿李成雪山行旅》《仿杨升》。闲时，子久常来往于虞山、松江、昆山、苏州、吴江等地之间。黄子久还非常惜春，每逢年后新春之间，出游、访友、会客，是他生活中常事，以古稀之躯来往于江南山水之间，所到之处布满了他的足迹。

黄子久好友杨维桢曾在《题山居图》诗中评价他说："井西道人[1]七十三，犹能远景写江南。筲箕屋下非工锻，自是嵇公七不堪。"

一三四一年（至正元年）三月，黄子久又到玉山（昆山）访友，客居在好友顾善夫处。其间他为玉山顾善夫作《为顾善夫八幅》。

春夏之间，黄子久兴起，携友乘舟，逆江水而行，游长江，经黄州（子久为黄州王太守"雪堂"中上座之宾。湖北《黄氏宗谱》神主公原传有述："公望自称大痴道人，隐居不仕。性豪迈，旷达不羁，长于诗律，工书法。间以其绪余溢为丹青，落笔迥出人意表，好游名山大川，遇佳境概无不玩赏留题。太守王公赏宴宾客于雪堂，公居上座。酒酣，公兴会淋漓，随意挥洒，因题一绝于其上，众皆赞赏太守方之郑虔三绝焉……"）到武昌，观大江之概胜。黄子久曾向友许诺：会将"观大江概胜"绘之以赠。

八月，黄子久回到苏州。是月十九日跋《兰亭旧刻》。十月四日，黄子久为倪云林作《层峦晓色图》。为性之作《天池石壁图》。倪云林亦经常到常熟访友，每至必访子久，同游虞山。当月黄子久二度作《天

---

[1] 井西道人：黄子久在圣井山修道时另取之号。

池石壁图》，分别赠予好友性之和文敏（曹知白？）。是岁，危太朴游虞山到致道观赏七桧[1]，涉桃源，泛尚湖，造访子久山居。危太朴见去年子久始作的《仿古二十幅》完成过半。

一三四二年（至正二年）二月，黄子久在虞山双桂轩作《山水二十帧》，四月又作《溪山无尽图卷》。六月寓于云间（松江）玄真道院，读象山先生《玉芝歌》后，作《芝兰室图》。是月又作《夏山图》。七月，在苏州写沧浪景作《秋林烟霭图卷》。九月于吴江江上亭以赭石为色作《浅绛山水图》。十二月二十一日，黄子久回到小山，恰遇王蒙持倪瓒《春林远岫图》来见，并示纸嘱画。再逢老友，黄子久异常兴奋，乃作小幅《春林远岫图》。

一三四三年（至正三年）春，黄子久来往云游于吴门周边之宜兴、太湖及梁溪（无锡）华氏水云阁等各地画友处。春，黄子久在山上作《浮峦暖翠图》。年中，黄子久从七十一岁开始所作的《仿古二十幅》，已历时五年，相继完成。七月六日，黄子久于山居中又作《层峦叠嶂图》。八月三日，危太朴又造访黄子久小山山居，见到黄子久的《仿古二十幅》已完成，索之而归。十月二十六日，黄子久云游至梁溪（无锡），在梁溪华氏水云阁，作《山村暮霭图》，墨写"坡陀沙脚，野岸空林，远近村居，白云郁郁，暮色苍茫"之景。年末，黄子久又作《山水图》。

一三四四年（至正四年）二月十八日，黄子久又游梁溪华氏家水云阁，作《复为危太朴画》。是春，黄子久云游至玉山（昆山），在玉山遇张泽之，为张泽之的"归句曲"作《云壑幽居》图。黄子久又春游至苏州，在友人姚子章处阅王维的《捕鱼》《雪溪》图。是秋七月，黄

---

[1] 七桧：虞山致道观内有古奇桧七株，形态各异，俗称"致道观七桧"，为古时虞山奇景。

子久游至玉山（昆山），巧逢友顾善夫（顾信，长书法，任浙江军器提举官）自京师归宦，构舍于玉峰山下。黄子久与顾善夫"促膝盘旋，竟夕而返"，在交谈时子久兴作《处境图》赠予顾善夫。八月二十九日，子久又到松江，为好友伯新《溪山小景》题跋。十月二十八日，黄子久在唐代画家阎立本的《洪崖仙图》上题跋。十一月，子久见自己的《溪山雨意图》为世长所得，又为之题识（1374年，倪瓒于此画后加跋赞云："黄翁子久虽不能梦见房山、鸥波，要亦非近世画手可及。此卷……"）。是年，子久为陶宗仪[1]作《南村草堂图》和《秋山无尽图》。是年，又为友吴镇作立轴《松风飞泉图》。

一三四五年（至正五年）六月二十日，黄子久在虞山小山南麓茅庐中手书《画理册》（即《写山水诀》）。八月一日，子久登虞山最高处望海亭作《虞山览胜图》。秋日间，黄子久坐小楫到玉山，游玉峰，来往于吴门、松陵之间。子久于舟中所见"青山如屏，白水似练，人家隐见，林木扶疏的吴门秋色风光，感到无处不可爱，亦无处不可画"。

九月，子久为老师赵孟頫生前所书赠的《快雪时晴帖》配图，作"水墨雪景山水"即《快雪时晴图》，图中山坳中以朱砂绘旭日旁衬红霞。十月，黄子久兴作《吴门秋色图》长卷，曰"借此遣拔萧寂"。

十月十五日，黄子久回到虞山，好友张雨随之到虞山、小山访黄子久，并向黄子久索画，黄子久在小山南麓自己茅庐中，一口气为张雨

---

[1] 陶宗仪（1329—1412年）：字九成，号南村，台州黄岩人。元末明初文学家、史学家。学识渊博，工诗文，善书画。元末兵起时，其避乱松江华亭，耕作之余，随手札记。元代至正末，由其门生整理精粹五百八十余条，汇编成《辍耕录》或称《南村辍耕录》30卷，其中记述了元代掌故、典章制度、东南地区农民起义状况。

连作《山居小景图八幅》[1]，赠予张雨。是年，又作了《天池石壁图》、为倪云林作山水画《六君子图》跋等。

一三四六年（至正六年）春日，黄子久想起五年前（1341），危素（太朴）曾出长素，嘱子久为其作画，子久觉得盛意难却。黄子久许有拟写"往涉大江抵武昌时印胸中之大江胜概"之言。如今时过五载，"但屡欲形之于笔，皆为尘务间阻"，实感歉疚。二月十四日，携友专赴镇江，登北固山，开始创作《万里长江图》。图中显"层峦叠嶂，烟云出没。平坡慢流，鱼鸟翔涌。有极目千里之势，而具四时气象"。是年，黄子久还题张渥所写《渊明小像》："千古渊明避俗翁，后人貌得将无同。杖黎醉态浑如此，因来那得北窗风。"

一三四七年（至正七年），七十九岁高龄的黄子久，以诗酒书画发其高旷，常卧身于虞山山间石梁，面山而饮，如痴如醉。正月上旬，他为道玄处士作《层峦积翠图》。七月十日下午，于小山南麓上，细观虞山，兴趣所至又作《虞山图》[2]（又称《残阳影里认虞山图》）。八月，黄子久想起朋友储霞之求，即作《秋山图》。深秋，黄子久的师弟无用，来访子久山居，两人小聚数日后，相偕离开山居。黄子久与无用师两人，相偕到杭州西湖边云游，又一起入富春山，南游富春江。于暇日，黄子久在南楼开始作《富春山居图》。十一月，黄子久在杭州西湖又作《天池石壁图》《九珠峰翠图轴》等画。次年春，黄子久才再回小山山居。

---

[1]《山居小景图八幅》，是黄子久为来访者张雨所作，现存台北"故宫博物院"。
[2]《虞山图》，是黄子久于家乡所作水墨纸本立轴。又称《残阳影里认虞山图》。

寄心山水得大成

一三四八年（至正八年）春，黄子久不顾八十高龄，又急于外出云游。二月中旬，他携友到玉山，参加顾瑛邀请的画家诗人"玉山雅聚"活动。月末，黄子久离开玉山，又游至太湖、梁溪（无锡）、毗陵（常州）、广陵（扬州）、苕溪（吴兴）、北固山（镇江）。随后又达至茅山道人张雨处开元宫等处。三月，黄子久又为友次方（未详）作《良常山馆图轴》。长至（夏至）后二日，黄子久于比毗陵（常州）寓舍前，作《仿巨然溪山暖翠图》。仲夏朔，黄子久又为东泉学士（元散曲家阿鲁威）作《山水立轴》。夏末，黄子久又于吴兴苕溪浦仙的松声楼，作《溪山欲雨图》。七月十五日，黄子久又为梅庵僧人（吴镇）作《秋峰耸翠图》。还为友敬之作《空青图》。九月八日，黄子久挥毫题钱选的《浮玉山居图卷》。

中秋节是黄子久生日，他携罗静道人再游镇江，并上北固山过甘露寺，画望海楼上为纪念米芾所建的海岳庵，作成《海岳庵图》。十月，黄子久终于完成了历时十余年时间为倪云林所作的《江山胜览图》一卷。此年中，黄子久以八十高龄历游江南诸地山水之间，兴至之时作画数十幅。是年，黄子久的好友张雨逝世。

黄子久一生好春、惜春，不让春光空逝，只要得闲，总喜访友或出游至杭州、苏州、松江、秦淮，几乎足不停步，尽量是岁而归。

一三四九年（至正九年）正月，黄子久又到杭州，为友彦功（未详）作《九峰雪霁图》。春光三月，黄子久又为友尧臣（未详）作《层峦积翠》。是月，黄子久又作《春山远岫图》《山水图》等。夏初，黄子久回到苏州。四月一日，黄子久又以赭石为色，再作《浅绛山水图》（又称《天池石壁图》）。

当年春，黄子久到云间访友杨维桢，同游金山海中大小金山岛[1]，吹铁笛。在杨维桢居云间的时候，与黄子久交往甚频。据杨维桢在《东维子文集》中记载，二人曾"扁舟东西泖间，或乘兴涉海，抵小金山"，黄子久取出小铁笛，让杨维桢吹奏洞庭曲，子久则以歌和之。岁次，黄子久到云间，于云间客居作纸本《层峦秋霭图》，其题识为："至正六年岁次丙戌荬节前二日为恒麓夏微君画于知止堂。大痴学人平阳黄公望。"

五月二十五日，黄子久又在云游云间，为友曹知白（字贞素，号云西，松江富豪、儒雅画家）作的《山水轴》上题跋。七月七日，黄子久在云间会孙云峰、孙云麟兄弟。为孙云峰作《群峰耸翠图》，为孙云麟作《秋水图》。是月，还为孙云麟又作《桂隐图》。九月，子久遇倪云林自楚远游回。黄子久与倪云林久别之暄后，子久作《楚江秋晓图卷》。十月，黄子久居于云间客舍，又作《华顶天池图》，并注此画，是子久为弟子李可道（少翁）所作。

是年，黄子久在云间客舍，作《山居图轴》；还题其自作《砂碛图》，并作《为铁研主人画轴》，又为士贤画《访戴图》。黄子久居云间客舍期间，分别作了《题梅花道人墨菜诗卷》《水阁清幽图》《观瀑图》《华顶天池图轴》《水阁清幽图》等画，并分别题识有："大痴学人平阳黄公望书于云间客舍，时年八秩有一""平阳黄公望写于云间客舍""大痴道人平阳黄公望画于云间客舍，时年八秩有一""大痴学人平阳黄公望戏写"等，体现了黄子久对养父黄乐的感恩之情。

一三五〇年（至正十年），黄子久思念杭州的朋友们心切，竟不惧已有八十二岁高龄，再次离开小山，云游到杭州西湖、富春作画、会友，逗留数月。二月，黄子久在杭州，作《设色莲花峰图》（又称《九品莲花卷》）。是月，黄子久与王蒙等，同访钱塘城东之安溪钱氏琴鹤

---

[1] 大小金山岛：金山吕巷杨维桢隐居处、金山嘴海中名胜。

轩。黄子久与王蒙合作了《琴鹤轩图》，此图布景，现巨然风韵，而王蒙补作的乔松高士，苍古潇洒，使整幅图"妙趣横生"。

是年五月，黄子久携友再到云间。歇节（端午）前一日，黄子久因无用师要求，为几年前所开始作的《富春山居图》卷题识道："至正七年（1337），仆归富春山居，无用师偕往。暇日于南楼，援笔写成此卷，兴之所至，不觉布置如许，逐旋填劄，阅三四载未得完备，盖因留在山中，而云游在外故尔。今特取回行李中，早晚得暇，当为着笔。无用过虑，有巧取豪夺者，俾先识卷末，庶使知其成就之难也。十年青龙在庚寅（1350）歇节前一日。大痴学人书于云间知止堂[1]。"

五月十一日，黄子久又为曹知白《山水轴》题跋。

是月，黄子久回到虞山。在虞山致道观阿里西瑛的"懒云窝"，黄子久在曹知白为阿里西瑛作的《群山雪图》上题跋。是年，黄子久想起十三年前，因在虞山西麓致道观为子明作的《山居图》，求复读。后又阅《山居图》后书言："余时作此，意未足，兴尽而回。越十有三年，至正辛夏四月复为士瞻足之。大痴道人再题，时年八十有二……"是年，黄子久回到小山，纵情于山水之间，回归于大自然之中。其间又作《浮岚暖翠图轴》。（至清代，有画家王鉴亦有《仿子久浮岚暖翠图轴》《浮岚暖翠图轴》）

一三五一年（至正十一年）仲春二月，黄子久出游至梁溪友人孟叔敬处，为孟叔敬作《蓬莱第一峰图》。六月，黄子久携友孟叔敬，又到杭州、安溪等处游走。六月二十日，子久为好友寿之作《山水小幅》。八月十八日，黄子久在杭州西湖之东为友孟叔敬画《山水轴》以赠之。

---

[1] 知止堂：华亭夏氏从吴兴夏杞、夏椿在南宋景定年间迁居华亭始，至夏世泽始筑"知止堂"。又至夏景渊、夏十文、夏士良（文彦），历经数代。杨维桢为"知止堂"写堂记，赵孟頫亲为"知止堂"题写堂额。

黄子久与孟叔敬相偕而行，在杭州、安溪等处游走、访友、作画，时逾一年半之久。

一三五二年（至正十二年）春，黄子久复居杭州西湖筲箕泉大痴庵中。携友暇日出游，游富春江。七月十日，黄子久作苍秀古雅的《秋山幽居图》。十月，黄子久再到苕溪拜访好友。子久在布囊中找出三年前，寓居秦淮（南京）时所作的《层岩曲洞图》，加题后，赠予孙元麟。是年冬，黄子久访好友王蒙。巧王蒙为郡曹刘彦敬作《竹趣图》始成，王蒙让黄子久见过，求以教正。黄子久认为，宜添一远山和樵径更妙。王蒙从之，画面顿觉深峻，天趣迥殊。因逢耿华亭向王蒙索画甚急，而王蒙顷刻又不能复作，遂以此帧《竹趣图》赠之，黄子久为之加跋。时，年节将近，黄子久才惜别诸友，回归虞山小山山居中。

一三五三年（至正十三年），是黄子久本命年。黄子久于春日中的虞山下，闲情逸致，四处漫行游走，"今日山顶览乡景，明日尚湖戏水舟。湖桥会友画诗酒，石洞读书觅阴凉"。这是他晚年闲逸生活的写照。五月十五日，黄子久于小山南麓作《秋山图》。五月二十六日，黄子久又出游到无锡倪瓒处拜访。在清秘阁中，见过倪云林的雪版笺，二人灯下细细夜读毕，当即合作《溪山深远图轴》。是年，黄子久再到云间，又作《山水轴》，所画春山云树，不为层峦叠嶂，虽然景浅，但笔苍神秀，自然气韵俱生。

一三五四年（至正十四年），居于小山南麓的黄子久，已八十六岁高寿。是春，黄子久再游松陵，又到甪直。在甪直白莲阁、白莲池游行，入溪云草堂等访友。七月十日，黄子久在苏州甪直梅中翰"溪云草堂"内，为梅中翰作《洞庭奇峰图》（存台北"故宫博物院"）。约九月，黄子久才回虞山小山南麓山居中，纵情于虞山山水之间。是年十月二十五日，黄子久在山中饮酒作画间突然去世。可惜一代画家驾鹤去，唯存数篇丹青传万世。

身后常驻故乡里

黄子久逝世后，家人将他安葬于小山南麓原黄子久茅庐旁，其墓地周围有"七彩之石"（见《常昭合志》[1]）。关于黄子久之死，有说其死于杭州，但目前小山村仍居住着黄子久长子德远的后代数百人，他历代子孙相传："大痴公是在小山上一边喝酒一边作画时突然倒下的。"《商相村志》[2]述："至正十四年（1354）十月二十五日，病逝村中，享年八十六岁，葬小山南麓。"

黄子久墓，原位于小山南麓上原黄子久隐居处，其墓"地有七彩之石"。其后代子孙以黄子久为始祖，繁衍于小山南麓下黄家巷（现误为"王家弄"）。

一八一七年（清嘉庆二十二年），黄子久十六世孙黄泰，买下虞山西麓几座山地，俗称"黄家山"，黄泰将小山南麓上的黄子久墓，迁于虞山西麓小石洞下南坡（现址）。有《常熟县志》和《虞山黄氏五集》载：清嘉庆二十二年（1817），黄公望十六世孙黄泰（虞山小山人，清乾隆五十九年举人，历任四川铜梁、永宁、隆昌、岳安等地知县，撰编有《大痴道人集》《亦闻集》等"黄氏五集"），买下虞山西麓山地（史称黄家山），将小山南麓上家坟墓地中的黄子久墓，迁葬于虞山西麓小云栖寺左下方黄家山，即现在虞山石洞景区内。

清嘉庆二十二年迁后的黄子久墓，背靠虞山，俯视小山。墓地有罗城、拜台、石级、墓道和单间冲天式石牌坊，墓前侧建黄公望祠，祠堂有山门。山门上悬"黄氏家祠"额。

---

[1]《常昭合志》：清光绪二十四年出版的木活字本，作者是王锦、杨继熊。清代常熟、昭文曾以琴川河为界，分设为二县，河东归昭文辖，河西归常熟辖。

[2]《商相村志》：杨载江编。《商相村志》即为小山村志。小山村历史上出有商代巫咸和巫贤二朝父子宰相，故称"商相村"。

清末里人季厚镕为祠堂正厅左右侧书有对联一对，曰：

公亦痴，我亦痴，过黄崖埋骨处，时情痴到颠、狂、野。

品愈高，才愈高，传尚湖钓雪图，画笔高出唐、宋、明。

二○二一年七月十八日　于隐梅斋

注：

1. 以下谱中全文所注历史中"月、日"，均以本邑农历习惯为表述。

2. 黄公望，字子久，故谱中以下全文，均以"子久"为其称。

第一章　垂髫之年

一虚岁至十虚岁

1269年（南宋·咸淳五年）出生（一虚岁）

是年，己巳年（元至元六年）。八月十五日，黄子久出生于姑苏常熟古城子游巷，时姓陆，名坚。生肖，蛇。

陆坚之父，姓名陆统，是松江陆氏之后，系松江陆氏五十二世陆霆龙[1]（字伯灵，咸淳间乡贡进士，居华亭，为南宋乡贡进士，元退隐不仕）之子，是《陆氏世谱》载五十三世孙。陆统，有子三：德初，坚，德承。原松江县城北门内柳家巷，有其陆氏祖宅。概因避其时战乱，陆统是松江陆氏后代中，迁常熟之一脉。

上海图书馆藏于民国三十七年刊仰贤堂《陆氏世谱》（第四册第三十八页）载，陆龟蒙第十一代裔孙陆霆龙，为南宋咸淳年间乡贡进士，居松江华亭璜溪，有子陆统。陆统有幼弟陆居仁[2]（《松江府志》）。

陆居仁与杨维桢、黄子久等交谊颇深，曾与杨维桢等在华亭同办"应奎文会"雅集，有《友闻录序》等著。陆居仁逝后与杨维桢、钱惟善同葬于干山（天马山）"三高士墓"。

陆统，从华亭迁居常熟。陆统生有三子：德初、坚、德承。陆坚是陆统第二子。在陆坚名下有注："出继永嘉黄氏[3]，号一峰，自号大痴，居常熟。"由此可见，黄子久本姓陆，名坚，出生于常熟，祖籍璜溪（云

---

[1] 陆霆龙：见上海图书馆藏于民国三十七年刊仰贤堂《陆氏世谱》第四册第三十八页。

[2] 陆居仁：陆霆龙幼子，字宅之，华亭人，号巢松翁，晚年又号云松、瑁湖居士。以《诗经》中泰定三年（1326）乡贡，工诗、古文，精汉隶、八分，擅长青铜器铭文及书画鉴定。曾北上都城，得到虞集、柯九思的赏识与推荐，未等朝廷任用，便与杨维桢、钱惟善同隐于天马山，逝世后同葬于此山。其墓史称"三高士墓"。

[3] 永嘉黄氏：即温州平阳黄氏，名乐，孤身隐居常熟小山。有平阳黄氏称，乐，名惠卿，家有妻沈氏，侧室祝氏，原有三子公叔，公望，天烈。寿八十。见《瑞安黄氏宗谱》。

间），是唐代著名文学家陆龟蒙十三世孙。

"子游巷"，又称"言子巷"，位于常熟古城区中部，现寺后街、县后街北侧。因巷内有孔子弟子"南方夫子"言子的故居，故又名"子游巷"。言子巷由东言子巷（现和平街东侧至醋库桥段）和西言子巷（现和平街西侧至槐柳巷）组成。

言子巷是常熟城区古老的街巷，除言子外，历代以来来往或在此居住过的名人很多。在元代，松江陆氏陆统一脉，迁居于此。另外，曾居住在城东的吴氏世家，也迁居于子游巷，故有"文学里吴氏"之称。明代名臣御史吴讷，即出自该支吴氏。

松江陆氏，属江南望族。松江史载，松江陆氏中有陆机与陆云二兄弟，同是西晋文学家，太康末年，兄弟曾一起到洛阳，文才倾动一时，史称"二陆"，并有"双龙"之誉。

陆机（261—303），字士衡，吴郡吴县华亭（今上海松江）人，西晋文学家、书法家，孙吴丞相陆逊之孙、大司马陆抗第四子，与其弟陆云并称"二陆"。孙吴灭亡后出仕晋朝司马氏政权，曾历任平原内史、祭酒、著作郎等职，世称"陆平原"。诗作重藻绘排偶，也善作骈文，有重要文学论文《文赋》。成都王司马颖讨伐长沙王司马乂时，任他为后将军、河北大都督，兵败后因谗言被杀。后死于"八王之乱"，被夷三族。他"少有奇才，文章冠世"（《晋书·陆机传》），与弟陆云皆为中国西晋时期著名文学家，被誉为"太康之英"。陆机还是一位杰出的书法家，他的《平复帖》是中国古代存世最早的名人书法真迹（据传，松江九峰之一"陆机山"，即为陆机墓之所在处）。

陆云（262—303），字士龙，吴郡吴县华亭（今上海松江）人，三国东吴后期至西晋初年文学家，东吴丞相陆逊之孙，大司马陆抗第五子。与其兄陆机合称"二陆"，曾任清河内史，故世称"陆清河"。陆云少聪颖，六岁即能文，被荐举时才十六岁。后来，陆云任吴王司马晏的郎中令，直言敢谏，经常批评吴王弊政，颇受司马晏礼遇，先后曾任尚书郎、侍御史，太子中舍人、中书侍郎、清河内史等职。后与兄同时被司马颖所杀。诗作重修饰，著有《陆士龙集》。

是年，元朝政治家元明善（1269—1332）出生，明善，字复初，大名（北京）清河人。

是年，南宋帝诏以李庭芝任两淮制置大使兼知扬州。蒙古阿术率众侵复州（今湖北天门）、德安府、京山等处，掠万人而去。史天泽至军，筑长围以困襄阳。宋将张世杰、夏贵、范文虎相继进兵援襄阳，均败。是年，蒙古定朝仪。八思巴作蒙古新字成，加号"大宝法王"。

是年，元世祖至元十三年（1276），诸站都统领使司改名为通政院，秩从二品，统领蒙古、汉地站赤。早在成吉思汗时，就仿效中原驿传制度，在境内设置站赤。站赤是蒙古语，意即驿传。随着占领地区的扩大，所设站赤也不断增加。举凡实物运送、公文传递、军令下达，都离不开站赤。后汉地站赤由中书省右三部分管。至元七午（1269），始置诸站都统领使司。易名通政院后，大都、上都分设两院，置院使、同知、副使、金院、同金、判官、经历、都事等员，主管全国驿站。

1270年（南宋·咸淳六年）二虚岁

是年，庚午年（元至元七年）。陆坚随生父母生活，居住于常熟城子游巷。

是年，中国南方地区仍为南宋统治，在位皇帝为宋度宗赵禥。

是年，元朝廷在大都（北京）设"广惠司"，广惠司专职"修制御用回回药物及和剂"，为诸宿卫士治病。

是年四月，蒙古设诸路蒙古字学教授。十二月，蒙古遣赵良弼使日本。并派忽林失、王国昌、洪茶丘率兵屯驻高丽。

是年，著名儒林四杰理学名家之一柳贯，出生于浙江金华。

是年，元朝散曲作家张养浩出生于山东济南，张养浩历任县尹、监察御史、礼部尚书，以直言敢谏著称。

1271年（南宋·咸淳七年）三虚岁

是年，辛未年（元至元八年）。陆坚随生父母生活，居住于常熟城子游巷。

是年，元世祖忽必烈发布《建国号诏》，将国号"大蒙古国"改为"大元"。从大蒙古国皇帝改成大元皇帝，正式建立元朝，定都大都（现北京）。

1272年（南宋·咸淳八年）四虚岁

是年，壬申年（元至元九年）。陆坚随生父母生活，居住于常熟城子游巷。

是年，三月二十八日，忽必烈下诏，改金朝京师中都为大都（现北京），并建中书省署。

1273年（南宋·咸淳九年）五虚岁

是年，癸酉年（元至元十年）。陆坚随生父母生活，居住于常熟城子游巷，始攻圣贤之学，显天资聪慧。

是年，蒙古军攻下强攻数年而不克的襄阳城，近五年的元宋决战之"襄樊之战"结束。

1274年（元·至元十一年）六虚岁

是年，甲戌年。陆坚随生父母生活，居住于常熟城子游巷，攻圣贤之学。

是年，六月，元世祖下诏，以伯颜为帅，攻宁。七月，南宋度宗赵禥去世。

是年，南宋皇室立四岁子赵显即位，为恭帝，谢太后临朝听政。

是年九月，元帅伯颜在襄阳出兵。宋张世杰坚守郢州。十月，元军陷沙洋（今湖北钟祥以南）、新城。十一月，复州（今天门）降元。十二月，元军在阳逻堡（今武汉东）破宋夏贵之军。宋汉阳军、鄂州降元。吕文焕招降沿江各地宋旧部。南宋以贾似道都督诸路军马，在临安开督府。以高达为湖北制置使。是年，元刘秉忠死。是年，元以赛典赤·赡思丁为平章政事，行省云南。

是年，吴自牧据亲实见闻，仿《东京梦华录》，写成《梦粱录》二十卷。卷中详细记载了南宋都城临安（今浙江杭州）的风习、郊庙、宫殿、官署、坊市、人物、伎艺等，此著可与《武林旧事》相印证。

1275年（元·至元十二年）七虚岁

是年，乙亥年。陆坚随生父母生活，居住于常熟城子游巷，继攻圣贤之学。

是年，宋恭帝改年号德祐。

是年，元帅伯颜在常州实行大屠杀，全城仅有七人生还。

是年，元朝初期武将史天泽（1202—1275，字润甫，河北永清人，史天倪之弟，天倪死后，袭为都元帅）收复真定（今河北正定），击败金朝大将武仙，杀红袄军将领彭义斌。

1276年（元·至元十三年）八虚岁

是年，丙子年。陆坚生父陆统病逝。陆坚兄弟三人随生母生活，居住于常熟城子游巷，一家人生活异常艰难。

是年，元朝攻占南宋朝都城临安（今浙江省杭州市），南宋幼帝南逃。

1277年（元·至元十四年）九虚岁

是年，丁丑年。陆坚失父后，随母孤苦生活，一家人仍居常熟城子游巷。年末，陆坚遇寓居常熟小山[1]之永嘉（温州）平阳人氏黄乐之同情及喜爱，螟蛉[2]为嗣，乐曰："黄公，望子久矣。"其母允。从此，陆坚改姓为黄，名公望，字子久。

---

[1] 小山：为常熟虞山西之余脉为小山，有四峰。小山峰脉为上东南、下西北走向，最东南端山峰，高十七丈左右，小山村民史称其为"南山"。

[2] 螟蛉：意为领养。《诗经》有云："螟蛉有子，蜾蠃负之。"螟蛉属于蛾类，而又称为细腰蜂的蜾蠃，只有雄的，没有雌的，为了繁衍后代，只能将螟蛉衔回窝内抚养生子。

有虞山《黄氏五集》[1]称："黄乐是浙江永嘉平阳籍人氏，在南宋时迁居于常熟小山东麓。"

关于黄乐，有浙江温州安固下桥《黄氏宗谱》〔始修于明代洪熙年间（1425，乙巳年），重修于清代光绪年间〕，载"永嘉（温州）黄氏之世系源流"这样一段文字，全文如下："孟干公，字秉元，官少监，荐升福州刺史，寻封太尉，伯仲三（孟干公、仲晞公、季鹏公）遂家于福之长溪。黄体芳榜书四字'齿德双高'，于同治八年书写，敬赠于瑞安高楼乡大京村乡宾叔父七旬荣寿。宗派序言：我黄氏旧谱，系古颛顼五世孙陆终后，周武王封其爵于黄，即以国为氏，后有歇相楚、霸相汉，相继而起，至唐则有讳干字秉元者，官少监，荐升福州刺史，寻封太尉，伯仲三遂家于福之长溪，时王审知谋不轨，太尉公终守臣节，殁而有灵，血食一方。太尉公子四，与弟判官子避乱，相率自闽来温之湖墺，历数传，宗族衍蕃，四散分居，如昆阳、如龟山、如浦江、如长塘、如马屿、高楼、大坑，各派子孙诜诜蛰蛰，皆太尉公忠义阴德之所致也。继因兵燹谱牒逸失，无从修辑，所可知者仅有图谱可证，故传示后人来者，倘知所自而思，有以光其宗，此予之所深望也！至元戊寅春正月望日十三世孙 公望敬书。"谱中此文，说黄子久是七十岁时到平阳（瑞安）为安固下桥修《黄氏宗谱》[2]所撰写的谱之序。（上述此说，多存疑。仅供阅者参考）

---

[1]《黄氏五集》：为黄子久十六世孙黄泰刊刻的《大痴道人集》《亦闻集》《长原集》《未庵集》《自怡集》五部家著。

[2] 安固下桥《黄氏宗谱》：有平阳学者说，此谱中有描述的黄惠卿（即是黄乐），又说黄子久即是浙江永嘉（温州）黄氏宗籍第十三世（第十二代）孙，且黄子久入列浙江永嘉（温州）黄氏宗籍。又据这本重修于光绪年间的《黄氏宗谱》载述：黄惠卿在平阳（瑞安）家有一妻一妾和三个儿子，却无其他文字详述。仔细研读，发现黄惠卿出生时间失误，在时间记述上多处有误，此谱质量粗糙，采信度较低。

是年，元朝散曲作家周德清（1277—1365）出生。周德清，字日湛，号挺斋，高安（今江西高安市杨圩镇暇塘周家）人。北宋词人周邦彦的后代。周德清工乐府，善音律，终身不仕。著有音韵学名著《中原音韵》，为中国古代有名的音韵学家，元代卓越的音韵学家与戏曲作家。《寻鬼簿续篇》对他的散曲创作评价很高，其编著的《中原音韵》在中国音韵学与戏曲史上有非凡影响。

1278年（元·至元十五年）十虚岁

是年，戊寅年。陆坚改称黄子久后，随养父黄乐移居于虞山之西小山南山峰下小山村中，纵情于家乡小山村的自然美景之中。

关于小山旧貌，《康熙常熟县志》卷一《山志》中，有这样一段详细描述虞山西余脉小山的文字："山形蜿蜒如龙势，欲西走北则，西南一面之大观也。顾山中之景，无时不佳，而惟春深尤艳，风柔日丽，柳媚花明，画舫朱楼，风帆酒帘，交相映带，惟是王孙公子、侠客歌姬、揽辔停舟、偎红倚翠。山径之间，逐队随行，摩肩接踵，其携壶挈盍者类多，席地慢天，狂歌浪饮，客不速而自至，人不醉以无还。亦有骚人逸客，长饮松下，间眺岩端，对景徘徊，挥毫吊古，一句一词，偏成清赏，盍山灵若以其奇丽示人，……往岁欲避人事借榻湖桥。"从上述记载中，可见小山当年的景色，僻静而幽深，非常秀丽，令人神往。

是年，元廷敕令，改华亭县为松江府。

是年，元廷敕令，授云南、湖南诸路转运使。

是年，南宋右丞相兼枢密使、抗元将领文天祥被俘。元世祖忽必烈屡劝其降，文天祥宁死不屈，忽必烈劝降不成，于一二八三年一月，文天祥被杀于大都。

　　是年，元军平定四川（东川）。忽必烈令分川蜀为四道，立四川行省，开始在四川建立新的统治。

第二章　少时之年

十 一 虚 岁 至 二 十 虚 岁

1279年（元·至元十六年）十一虚岁

是年，己卯年。子久居小山村，在养父黄乐悉心教授下，"陶冶操守，勤奋好学，博览群书，自习画作。自研填写散曲，别有风韵"。（见《商相村志》）

是年，为元朝至元十六年，南宋少帝（赵昺）祥兴二年。

是年，宋元间进行最后一战"崖山海战"，以宋军大败为告终。宋丞相陆秀夫，负末帝赵昺投海自尽，南宋朝正式灭亡。

1280年（元·至元十七年）十二虚岁

是年，庚辰年。子久居小山村，在养父黄乐悉心教授下，学问大进。参加常熟本县童子科[1]考，子久一举入榜。

是年，诏置行中书省于福州。

是年，蒙古汉军都元帅张弘范卒，年四十三。元廷追封其为淮阳郡王，谥献武。

是年，诏移福建行省于泉州。

是年，元廷诏命江淮等处颁行钞法，废宋铜钱。

是年，诏改建宁、雷州、廉州、化州、高州为路，以肇庆路隶广南西道。

是年秋，诏命立行省于京兆，以前安西王相李德辉为参知政事，兼

---

[1] 童子科：亦称童子举，是科举考试中特为少年应试者所设的考试科目，儿童年龄在十二岁至十六岁之间，能博通经典可以入选，孝廉试经者，拜为郎，年幼才俊者，拜童子郎。

领钱谷事。

是年，杜万一以"白莲教"，聚众起反。

1281年（元·至元十八年）十三虚岁

是年，辛巳年。子久本命年。居小山村。小山村风景秀丽，滋养人心，陶冶操守。子久在养父的教导下，勤奋好学，博览群书，自研填写散曲，自习画作，在美丽自然环境中成长。

是年，诏，烧河中府等处《道藏》版，禁道经，全真道势衰。

是年，金元"四大医家"中"丹溪学派"创立人朱丹溪出生。朱丹溪（1281—1358），名震亨，字彦修，浙江义乌赤岸丹溪村人。人们尊称其为"丹溪先生"或"丹溪翁"。丹溪先生倡导"滋阴学说"，创立丹溪学派，对医学贡献卓著。后人将他和刘完素、张从正、李东垣同誉为"金元四大医家"。

是年，元武宗帝出生。武宗，名海山，元世祖太子真金的孙子，父答剌麻八剌。海山是以军事实力取得帝位的，在即位后强化中央集权。死于一三一一年，时年三十一岁。

是年，许衡逝世。许衡（1209—1281），字仲骨，号鲁斋，河内（今属河北）人。精通历算之学，曾参加编《授时历》。

1282年（元·至元十九年）十四虚岁

是年，壬午年。子久居小山村。苦读圣贤，勤习经书。始侍农事，村人皆赞。

是年，为元世祖圣德神功文武皇帝至元十九年，农历壬午年。

是年，义军首领陈吊眼率畲民起义，据漳州。陈吊眼被杀。漳州畲民之叛告平息。

是年，诏修宫城、太庙、司天台。

是年，诏徒浙东宣慰司于温州。

是年，诏立行枢密院于扬州、鄂州。

1283年（元·至元二十年）十五虚岁

是年，癸未年。子久居小山村，勤读圣贤，习经书，兼助农事。

是年，张雨（1283—1348）出生。张雨，又名天雨，字伯雨，法名嗣真，别号贞居，又号句曲外史，吴郡（今江苏苏州）人，元代茅山宗道士。年二十遍游天台、括苍诸山。后去茅山礼四十三代宗师许道杞弟子周大静为师。后师事玄教高道王寿衍，居杭州开元宫，与当时文士如黄子久、杨维桢、张小山、马昂夫、仇山村、班彦功等均有唱和往来，多次游虞山。张雨多才艺，能诗文，善书，工画，尤以诗享盛誉于元末文坛（见浙江美术出版社《张雨集》）。

是年，朱世珍（1283—1344）出生。朱世珍，原名朱五四，句容（今江苏句容）人，妻子陈氏。父亲朱初一迁居泗州盱眙（今江苏盱眙），朱世珍又迁居濠州钟离（今安徽凤阳）。系明太祖朱元璋的父亲。

是年一月，文天祥被杀于大都。文天祥妻欧阳氏闻后泣曰："我夫不负国，我安能负夫。"遂亦自到死，天祥二子俱亡。

1284年（元·至元二十一年）十六虚岁

是年，甲申年。子久居小山村。帮侍农事[1]，闲习经书，出言不俗。时亦游走于小山诸峰间。

是年，有邕、宾、梧、韶、衡、漳及宝庆、武冈等地相继发生起义。河间任丘县民李移住以反元罪被杀。凡天下私藏天文、图谶、太月、雷公式、七曜历、推背图、苗太监历，和有私习及收匿者，均治罪。严禁军民学习相捕，或弄枪棒。

是年，诏以范文虎为中书左丞、商量枢密院事。以卢世荣为中书右丞，理财赋。

是年，诏令中书省议用科举取士，旋又中止。自至元初年以来，蒙古汉大臣屡有建议用科举者，均未施行。是年，对外贸易实行官营，官备船、给本、选人，所得利润，官得七成，经办人得三成，然私商入海者实绝。

是年，诏令侍卫亲军万人修大都城。

是年九月，京师地震。十月，诏令招讨使张万，为征缅招讨使。十一月，诏令北京宣慰司修滦河道。十二月，诏令翰林承旨萨里曼，翰林、集贤大学士许国祯，集诸路医学教授增修《本草》。

1285年（元·至元二十二年）十七虚岁

是年，乙酉年。子久居小山村。闲读经书，忙侍农事，亦关心国事。

---

[1]　帮侍农事：古训"十六岁上人丁"，即人至虚午十六为"人丁"之岁，当入田侍农。为常熟农家古例。

是年，诏令江南乐工八百家徙于京师。

是年，诏令发诸卫军六千八百人，给护国寺修造。

是年，诏令以董文用为江淮行中书省参知政事。

是年，诏令罢胶莱所凿新河，以军万人隶江浙行省习水战，万人载江淮米泛海，由利津达于京师。

是年五月，诏令复徒行江南御史台于杭州，徒行枢密院于建康。

是年，前中书左丞相耶律铸卒，后赠太师，谥号文忠。

1286 年（元·至元二十三年）十八虚岁

是年，丙戌年。子久居小山村。闲读经书，忙侍农事。喜于城乡山水间，多游文庙，关心国事。

是年，元朝扩建黑城、建五龙观、忽必烈统一中国。

是年，元廷诏令设四川中书省。

是年，元朝第四位皇帝，元仁宗孛儿只斤·爱育黎拔力八达（元顺宗答剌麻八剌之子）出生。

1287 年（元·至元二十四年）十九虚岁

是年，丁亥年。子久居小山村。忙侍农事，得闲读书，或游走于虞山、尚湖山水之畔，关注国事，志向鸿远。

是年一月，诏令复改江浙行省为江淮行省。二月，忽必烈设置了尚书省，遂任命桑哥为平章政事。十一月，诏令改卫尉院为太仆寺，隶宣徽院。十二月，忽必烈命桑哥为右丞相。

是年，元世祖亲征乃颜。

1288年（元·至元二十五年）二十虚岁

是年，戊子年。子久居小山村。结缘小山叶氏[1]，婚后得子，名德远。护子膝下。

是年，诏令改总制院为宣政院。

是年，元帝师八思巴，在元世祖忽必烈的支持下，授意萨迦本钦释迦桑布，集西藏十三万户之人力物力，修建"萨迦寺"。

---

[1] 小山叶氏：常熟小山有叶氏，小山叶氏与黄氏之间，村落比邻，通婚数百年，至今仍续。见《楚黄黄氏宗谱》卷一，载黄子久次子黄德宏（字普祥）携母及家人至西湖曾伴居大痴庵。明洪武间有其长子黄荣曾任绍兴卫指挥使，后又携全家徙黄州任指挥使。叶氏千古后，墓葬新洲绿湾，称"妣黄母叶太夫人墓"。

第三章　弱冠之年

二十一虚岁至三十虚岁

1289年（元·至元二十六年）二十一虚岁

是年，己丑年。子久居小山村。忙侍农事。闲习经书，兼带幼子，自研书画散曲。常游走于常熟文庙[1]、书院、虞山四周，广结文友，有志于仕途。

是年，宋遗臣谢枋得抗元失败，遁隐建宁（今福建省建瓯县）唐石山中，后被元军所俘，押至大都（北京），拒不降元，在悯忠寺（今法源寺）绝食身亡。

是年，马廷鸾逝世。马廷鸾，字翔仲，号碧梧，众埠楼前村人。南宋淳祐七年进士，历任池州教授、太学录、秘书省正字等官职，咸淳五年出任右丞相。

是年，诏令开会通河（从今山东梁山之临清）完成。

是年，江西、浙江、福建、广东多地，持续发生起义。

1290年（元·至元二十七年）二十二虚岁

是年，庚寅年。子久居小山村。再得一子，名德宏[2]。忙侍农事，

---

[1] 常熟文庙：原址在古城区东南学前街。始建于北宋至和年间（1054—1056），初时有大成殿、明伦堂等建筑，南宋庆元三年（1197）建言子祠，并仿苏州府文庙"东庙西学"制重建。东轴线主体建筑有大成门、大成殿和言子祠。西轴线主体建筑有明伦堂。至元二十九年（1292），邑人杨麟伯斥资修缮。元至正二十二年（1362）于文庙前加筑照壁墙。至明代，移言子祠于大成殿之东，并别启石坊，自成轴线。清代，延续了明代的格局，形成了固定的布局。是常熟古代的最高学府。东为言子祠，主要有言子坊、祠门、礼门、享殿，是祭祀先贤言子的场所。

[2] 黄子久次子。曾陪子久居杭州西湖筲箕泉。有《楚黄黄氏宗谱》载，其字普祥，明洪武初随子黄荣徙绍兴、黄州（存疑）。

亦哺二子膝下，兼学事，苦习书文。得闲携友行走于文庙、各书院，时常喜往虞山峰峦间各处胜迹。

是年，元代著名道教学者陈致虚诞生。陈致虚，字观吾，号上阳子。元代内丹学家。庐陵（江西吉安）人。

1291年（元·至元二十八年）二十三虚岁

是年，辛卯年。子久居小山村。勤习书文，欲建功名，欲觅出仕之道，出入书院、文庙，巧遇仕缘。

是年，有常熟儒士杨麟伯公[1]，睹邑文庙腐坏严重欲私资助缮，为崇饰之，报请官衙。

是年，有常熟有儒士杨麟伯上书江淮行省建议修常熟文庙。行将卸任的平江路肃政廉访使阎复，和新除浙西道肃政廉访使徐琰，亲到常熟文庙察看，并由阎复亲书《平江路常熟县重修文庙记》，由徐琰亲书《平江路常熟县重修文庙记额》。次年（至元二十九年），浙西道肃政廉访司徙立，黄子久任衙中书吏。

是年，尚书省臣，多以罪罢。帝欲使赵孟頫与闻中书政事，赵孟頫固辞。帝令出入宫门无禁，每见，必从容语及治道，多所裨益。赵孟頫自念久在帝侧，必为人所忌，力请补外，出同知济南路总管府事。

是年，诏令改福建行省为宣慰司，隶江西行省。诏立江淮、湖广、

---

[1] 杨麟伯：太仓人，咸淳四年（1268）进士，举博学鸿词。晚年隐居常熟。见陈颖《儒学碑刻集》，及常熟文庙内礼门之碑。

江西、四川行枢密院。江淮治广德军，湖广治岳州，江西治汀州，四川治嘉定。

是年，诏改提刑按察司，为肃政廉访司，每道仍设官八员。除二使留司以总制一道，余六人分临所部。如民事、钱谷、官吏奸弊，一切委之。俟岁终，省、台遣官考其功效。

是年四月，诏令徙湖广行枢密院治鄂州。五月，诏令徙江淮行省枢密院治建康。元廷诏，以太原、杭州饥，免今岁田租。又诏，增置户部司计、工部司程，秩正七品。七月，诏令徙江西行枢密院治赣州。九月，诏令立行宣政院，治杭州。徙四川行枢密院治成都。九月，诏免大都今岁田租。保定、河间、平滦三路大水，被灾者全免，收成者半之。十月，诏以前缅中行省平章舒苏德济，为中书平章政事。

是年十二月，诏立河南江北行中书省，治汴梁。诏令江北州郡割隶河南江北行中书省，改江淮行省为江浙等处行中书省，治杭州。（平江肃政廉访司衙等，亦将徙杭州。）

1292年（元·至元二十九年）二十四虚岁

是年，壬辰年。子久居小山村。得闲常入书院，进文庙。岁末，子久遇阎复。

经荐，阎复闻子久聪慧、率真，有童子科资，且志向高远，拟荐新设浙西道肃政廉访司衙行书吏职，由新除浙西道肃政廉访使徐琰（容斋）聘之，携入武林（杭州）。在武林，子久择西湖之南赤山之阴筲箕湾，于筲箕泉[1]畔筑茅庐为舍。

---

[1] 筲箕泉：浙江西湖《玉岑山慧因高丽华严教寺志》载："面玉岑，背兔岭，赤山左翼，南高右踞，箕泉、蚊窗二水合流而南，绕于寺门，环转而东北，逗回龙桥，复南出赤山埠，达于西湖。"

《玉岑山慧因高丽华严教寺志》[1]卷十、卷十一《题咏》中，有许多明人诗，都提及黄子久隐居筲箕泉之事。卷十有钱塘徐胤翘《筲箕泉》诗，内有"石底吐名泉，朝夕散云髓；遇之得幽人，失之在千里。……境僻到者稀，深苔湿人履"等句，泉旁幽僻之景，跃然而出。其《探筲箕泉有感》诗则云："泉流纡转可浮杯，不道荒凉碧草隈。一自大痴骑鹤去，何人更与剪蒿莱。"

有《慧因高丽寺志》卷十中记载，明代常熟人张维[2]（字叔维）描写高丽寺及筲箕泉的《冬日游慧因寺怀古》诗：

苔积雨花千层紫，寺门萧寂空山里。群峰环列如髻鬟，中有玉岑龙跃起。峻山曾山骨跨湖阴，断霭残云互相倚。理宗手迹不复辨，当年幽胜消榛杞。老衲经行叹黍禾，游人来往谈山水。寺边古涧漾明珠，流出筳丝杂兰芷。少游濯足想风期，公望结茅讨画理。高闲流寓选灵区，寒碧苍苍剩遗址。经阁蛟窗空月明，闭关横铁人往矣。我来冬日倍凄凉，山山落木泉声死。独向疏林认祖庭，惟有松声未迁徙。三叹长吟入寺来，花宫琳宇峰如绮。香烟半缕夕阳明，似与易庵燃一指。暮鼓晨钟亦有时，猕猴绕树禽言喜。我爱深山木榻闲，禅心不动笙歌耳。

---

[1] 慧因高丽寺：明代李翥撰写的《玉岑山慧因高丽华严教寺志》记载，"慧因高丽寺"初名"慧因禅院"，始建于五代吴越国。

[2] 张维（1581—1630），字叔维，号西泠寓客，常熟人，常居杭州西湖畔。张维诗才清逸，善吹箫度曲，工诗画。山水画宗董源、吴镇，所作烟峦出没，淡宕入神，意境清远，落笔沉着，具有沈周、文徵明气度。张维为人孤介，索画者非其意合终不易得。传世作品有天启元年（1621）作《林风涧雪图》轴，绢本，右上自题："爱此荒凉色，翻令筑室成。林风与涧雪，俱作古时声。辛酉六月，避暑虎丘山楼，写此寄子建词兄，并题呈政，友弟张维。"现藏常熟博物馆。

"……公望结茅讨画理。"细读慢品张维的诗，从中可以分析和看到，当年玉岑山与慧因高丽寺、蛟窗泉（慧因涧）与筲箕泉和黄子久茅庐之间关系的紧密。

是年（壬辰年），江南浙西道肃政廉访使阎复，闻有常熟儒士杨麟伯公"睹文庙学缺，欲输私资，为崇饰之"。阎复闻之，至常熟文庙，实地视察。

是年，平江路肃政廉访司衙徙至杭州，称江南浙西道肃政廉访司[1]衙。

是年正月，甲午朔，日食。有物渐侵入其中，不能既，日休如金环然，左右有珥。免朝贺。三月，中书省右丞何荣祖、平章政事敏珠尔卜丹并罢。诏，以大司农特尔格、翰林学士承旨琳沁，并为平章政事，兼领旧职。闰六月，诏令廉访司巡行，劝课农桑。七月，河北河南道廉访司还治汴梁。

1293年（元·至元三十年）二十五虚岁

是年，癸巳年。子久居杭州西湖之南赤山下高丽寺（慧因寺）外筲箕湾，伴筲箕泉。于浙西道肃政廉访司衙供书吏职。昼忙政务，夜游西湖。多出入于筲箕湾高丽寺、马市巷玉阳庵等禅院寺观，广交佛界、道界之友，喜山水绘事，偏习卜术。

《玉岑山慧因高丽华严教寺志》有载，西湖筲箕湾有慧因高丽寺，

---

[1] 浙西道肃政廉访司：原为平江路肃政廉访司，至元二十九（1292）徙杭州。

慧因高丽寺前有筲箕泉流过，黄子久一直（自二十四岁开始至三十岁）居住在杭州西湖之南、赤山之北玉岑山兔儿岭东南下的筲箕湾。在筲箕湾，黄子久有自己筑的草庐，黄子久就居住在筲箕湾自己的草庐中（在黄公望七十岁再居草庐时，有次子陪居住于此，草庐移称为"大痴庵"）。

黄子久在筲箕湾作过《筲箕泉图》（见清卞永誉撰《式古堂书画汇考》），并曾在慧因高丽寺七祖堂墙壁上作过画。寺志的这些详细记载，隐含了黄子久与赵孟𫖯之间相遇的可能。

另外，在杭州马市巷内，有全真教之玉阳庵。《仁和县志》载："至元六年（1269），当时江南一带，全真道玉阳庵奉敕建于杭州马市巷。玉阳，即全真七子王处一。"

是年十二月，阎复亲撰《平江路常熟县重修文庙之记》，及新除江南浙西道肃政廉访使徐琰（容斋）为阎复"平江路常熟县重修文庙之记"的题额刻成，同于一碑[1]，立于常熟文庙"学礼门"右侧。

是年，大运河北段建成。大运河北段全长1120公里，流经山东丘陵地带，沿途山峦起伏，是最早的越岭运河。

是年，从京都西北昌平，引水注入什刹海。

是年，柳州建柳侯祠，纪念唐代著名文学家柳宗元。

---

[1] 平江路常熟县重修文庙之记碑：现存常熟文庙"礼门"。见陈颖《常熟儒学碑刻集》第29页："阎复《平江路常熟县重修文庙之记》"。

1294年（元·至元三十一年）二十六虚岁

是年，甲午年。子久居杭州西湖筲箕湾、筲箕泉畔茅庐。供浙西道肃政廉访司简书吏职。得闲，多与佛、道界朋友议山水绘事，习阴阳卦事。是岁冬，闻生母病重讯，子久急归常熟子游巷探生母。

是年，广东韶关"南华禅寺"为新落成的祖师殿"拈花笑处"开光。

是年二月十八日，元世祖忽必烈逝世，崩于紫檀殿。在位三十五年，寿八十。忽必烈，元朝开国皇帝，成吉思汗之孙。一二六〇年在开平（今内蒙古正蓝旗东闪电河北岸）即大汗位，年号中统。一二七一年定国号元。一二七九年（至元十六年）灭南宋，统一全国。

是年，皇太孙（太子真金第三子，铁穆耳）即位于大安阁。诸王有违言，巴延握剑立殿陛，陈祖宗宝训，宣扬顾命，述所以立皇太孙之意，辞色俱厉，诸王股栗，趋殿下拜。诏，追尊皇考曰"文惠明考皇帝"，庙号裕宗，祔于太庙；尊太母元妃鸿吉哩氏曰皇太后。改所居旧太子府为"隆福宫"。

是年，诏令改次年为"元贞元年"。

1295年（元·元贞元年）二十七虚岁

是年，乙未年。冬，子久生母病重而卒。生母丧葬事毕，子久碍于任事无奈归钱塘。居杭州西湖筲箕泉畔茅庐中，于浙西道肃政廉访司简书吏任上，子久亦思母久哀。

是年，常熟县升为常熟州。

是年，元成宗帝铁穆耳，诏令改年号为：元贞元年。

是年，诏令无锡升为州，属江浙行中书省常州路。

是年，新疆设立北庭都元帅府和曲先塔林都元帅府，分辖天山南北。

1296年（元·元贞二年）二十八虚岁

是年，丙申年。子久仍供职于浙西道肃政廉访使衙书吏。居杭州西湖筲箕湾、筲箕泉畔茅庐。得闲无拘无束，放浪于西湖山水之间，多与佛道界师友吟诗、议道。为慧因寺内常客、玉阳庵中居士自诩，喜聚山水之绘事，爱道家阴阳之卦事。

是年，诏令设沈阳路。

是年，黄道婆返回乌泥泾（黄道婆是我国古代杰出的棉纺织技术革新家）。

是年，桑杰温逝世。桑杰温大师（1251，宋淳十一年），是达隆寺第三任堪布桑杰雅郡的侄子，宋代类乌齐寺的创建者，于藏历第四绕迥之金猪年生于康区。

是年，张之翰逝世。张之翰（？—1296），字周卿，晚号西岩老人，邯郸人。元代著名清官。元中统初任名磁路知事。至元年间，拜行台御史，按察福建行省。不久称病辞官。因居官清正，朝中人望，纷纷向朝廷推荐他复职，复任户部郎。至元末，升翰林侍讲学士。

是年，王应麟逝世。王应麟（1223—1296），十八岁中进士，任秘书监、吏部侍郎等职，以博学多才名震朝野，是一位忠肝义胆的直臣。南宋亡后，他隐居家中，埋首著书立说，其中就有一本早时儿童修身立德的启蒙读物《三字经》。

1297年（元·元贞三年·大德元年）二十九虚岁

是年，丁酉年。子久仍供浙西道肃政廉访司衙书吏职。居杭州西湖筲箕湾、筲箕泉畔茅庐。得闲无拘无束，放浪于西湖山水之间。谓西湖慧因寺及马市巷内玉阳庵之常客。

是年秋（九月），赵孟頫[1]于吴兴与受益外郎（浙行省检校）张谦小聚，酒后醉意中，赵孟頫挥毫书下《太湖石赞》《题董元溪岸图》《题洗马图》墨帖卷，并题记称："湖州观堂（佛寺之所）与受益外郎饮酒一杯之余，便觉醉意横生。戏书此卷，为他日一笑之资。"此卷世称《行书二赞二诗卷》，后有明代卞荣、王世贞、董其昌、文震孟、陈继儒及清代英和、永惺等加跋（现收藏于北京故宫博物院）。

是年，诏令江浙行省发卒疏浚吴淞江（苏州河），以减轻江南水患。钦察都指挥使床兀儿逾金山，败海都于答鲁忽河。是年，和州历阳长江水溢，淹没房屋一万八千五百余家。黄河多处水溢，继而决汴梁，再决杞县蒲口。

是年，置福建平海等处，行中书省。福建亳州万户府（客兵）、福新万户府、湖州翼万户府（客兵）、延平万户府、邵武万户府、汀州万户府等九个万户府，兵员约在三万六千人以上。

是年，宋词人刘辰翁逝世。刘辰翁（1232—1297），字会孟，号须

---

[1] 赵孟頫（1254—1322）：字子昂，汉族，号松雪道人，又号水晶宫道人、鸥波，中年曾署孟俯。吴兴（浙江湖州）人，原籍婺州兰溪。南宋晚期至元朝初期官员、书法家、画家、诗人，宋太祖赵匡胤十一世孙、秦王赵德芳嫡派子孙。为元集贤直学士、济南路总管府事、江浙等处儒学提举、翰林侍读学士、翰林学士承旨、荣禄大夫，获赠江浙中书省平章政事、魏国公，逝后谥号"文敏"，为黄公望业师。有《松雪斋文集》等。

溪，庐陵（今江西吉安）人。属辛弃疾一派，曾评点王维、陆游诸家诗，著有《须溪集》等。

1298年（元·元贞四年·大德二年）三十虚岁

是年，戊戌年。子久仍供浙西道肃政廉访司衙书吏职，居杭州西湖高丽寺外筲箕泉畔茅庐。子久得闲无拘无束，放浪于西湖山水之间，纵情于高丽寺，于寺中七祖堂[1]四壁上绘画。

是年，赵孟頫应邀入高丽寺（慧因寺），为高丽寺书碑铭。赵孟頫与高丽寺颇有渊源，当年高丽寺曾收藏数件赵孟頫所书碑铭，其中《高丽众檀越布施增置常住田土碑》，为赵孟頫在元仁宗延祐二年（1315，其时黄公望刚入狱）为高丽寺所书。其志载曰：（赵孟頫）每至武林（杭州），必停桡赤埠（赤山埠），徘徊慧因（慧因寺）。

黄子久常以马市巷玉阳庵道自诩，忘形无束。时年，自生母卒后已孝满三年，子久参于白事[2]祭之，匆忙中着道家之袍入司衙任事上，惹宪长徐琰（容斋）当众怒斥，羞形无藏，不甘拘束，辞职而去。

有明代常熟人姚宗仪[3]在《常熟氏族志》四卷中描述黄子久当年情形曰："浙西宪司辟为吏。……宪长徐容斋礼重之。母丧哀毁，绝意仕进。幅巾鹤氅，放浪湖海，所交皆天下士。"

明代学者陈三恪（1559—1635，字象贤，号玉渊。居常熟）在他所

---

[1] 七祖堂：是慧因寺里专为供奉华严宗七祖马鸣大士、龙树尊者、帝心法师、云华法师、贤首法师、清凉等法师的建筑。（见鲍志成《慧因高丽寺》和李寰《慧因高丽寺志》）

[2] 白事：行白事道场祭，常熟民间旧俗。子久自生母亡，至是年为满三年孝期，行白事道场祭母。

[3] 姚宗仪：字凤来，博学多才。万历四十五年（1617）辑成《常熟县私志》二十卷。

撰编的《海虞别乘·先贤》志中也载述黄子久当年情形道："……早尝试浙西宪司，丁母艰，哀毁骨立，自是绝意仕宦。"

明代学者钱达道《鹿苑杂谈·谈隐·大痴道人》中也载黄子久当年情形道："黄公望，字子久，初应神童科，慧声籍籍。曾辟州司橡吏，鹤氅白事，宪长怪之，俄而飘然鸿冥矣。"

是年，南阳"诸葛庐"大规模重建。

是年，蒙古宗王海盟誓反叛。

是年，郭守敬制成天文钟。

是年，周密逝世。周密（1232—1298），字公谨，号草窗，又号四水潜夫、弁阳老人、弁阳啸翁。著有《齐东野语》等书。

第四章　而立之年

三十一虚岁至四十虚岁

1299年（元·大德三年）三十一虚岁

是年，己亥年。子久愤辞浙西道肃政廉访司衙书吏职后，归于虞山，居小山村。于山村中，子久心中失落之巨，无以言表。整日无所事事，侍一对幼儿，与其嬉耍释闷，或游走山间，或挥笔作画。

是年，杭州鼓楼重新修建。

是年，中书省言，岁入不及支出之半。罢江南诸路释教总统所，清出诸寺佃户五十余万为编民。

是年，诏令以史子海山镇守漠北。

1300年（元·大德四年）三十二虚岁

是年，庚子年。子久居于小山村，辅家事、农耕，闲读诗书，填写散曲，描绘山水。无所事事中，亦常结乡友文士出游，登虞山，览湖色，滞湖桥亭[1]，以酒解闷，酒罄殆下。

是年，王祯著《农书》。王祯，字伯善，东平（山东东平）人。成宗元贞元年（1295），任宜州旌德（今安徽旌德）县尹。大德四年（1300），调任信州永丰（今江西广丰）县尹。为政颇有治绩，致力推广先进农具。在任旌德县尹时，王祯即开始编著《农书》，到了仁宗皇庆二年（1313）定稿。《农书》共二十二卷，分三大部分。《农桑通诀》

---

[1] 湖桥：在虞山西麓下。虞山南麓下山前河塘沿山脚，经尚湖一直向西，在近西麓下河口处（右拐，入白龙港）有石板桥名湖桥，北桥堍原有亭，为当年黄公望"把酒看山作画"处。明弘治十一年，常熟县令杨子器改建为三孔石拱桥，仍名湖桥。现为混凝土公路桥，仍名湖桥。

是农业通论，包括农业历史、耕垦、耙劳、播种、锄治，粪壤、灌溉、收获等。《百谷谱》分别叙述各种农作物、菜蔬、瓜果、行木等的种植法。《农器图谱》包括各种农具和农业机械图三百零六幅，每一幅图后有文字说明该农器的构造、用法等，这是全书最有价值的一部分。《农书》是中国第一部全国范围内对整个农业作系统研究的专著。书末还附有王祯用自己创造的木活字排印《旌德县志》的资料及转轮排字盘。

1301年（元·大德五年）三十三虚岁

是年，辛丑年。子久居于虞山小山村，忙农耕、辅家事。闲间与子嬉耍，多绘家乡山水。

七月，子久兴致所起，为儿子作《设色山水》，图中绘家乡山中屋宇流泉。后被人评价此图"风格似高克恭"。

是年，倪瓒（1301—1374）出生。倪瓒，字元镇，号云林、幻霞生、荆蛮民。元代画家、诗人。无锡（今江苏）人。倪瓒是元代南宗山水画的代表画家（称"元四家"之一），其作品以纸本水墨为主，间用淡色。前景中的树木和空白处的楷书题款几乎成了倪瓒个人的符号。倪云林是子久的忘年之交。

是年，徐琰逝世。徐琰（1220—1301），字子方，号荣斋、养斋、汶叟。元曲作家及名宦。东平府（山东省泰安）人。时与阎复、李谦、孟祺，号称"东平四杰"就学于东平府学。徐琰被后人称为"词林英杰"。曾任江南浙西道肃政廉访使、江淮行省平章政事等。是子久初任浙西道肃政廉访司衙中书吏时长官。

是年七月，常熟受台风侵扰，江潮漫溢，潮高八丈（另有史料说为十丈）。

是年，汪克宽（1301—1372）出生，字德辅，仲裕，德一。祁门（今安徽）人。延祐四年（1317），乡里传阅乡试考题，克宽挥笔成篇，乡人惊呼"天才"，随名师吴仲迁学于州学。泰定三年（1326）中举人，次年春晋京参加会试，与主考官不合而落榜，后在宣州、歙州讲学，尽力于经学，学者称环谷先生。

是年，叛王海都、都哇大举攻北边，海山在和林与塔米尔迎战，海都退走，旋死。

是年，段丑厮，河南人。成宗大德五年（1301）初，托称神异，往来数州之间，虚说兵马，鼓动百姓反元。五月，被官府发觉，段丑厮及信从并知情不首者遭处斩刑，妻子籍没入官。

是年，钱选逝世。钱选（1239—1301），字舜举，号玉潭，别号巽峰等，中国元代画家，吴兴（今浙江湖州）人，工青绿山水。

1302年（元·大德六年）三十四虚岁

是年，壬寅年。子久居于虞山小山村，忙农耕，辅家事。闲间出游虞山周边，访友问客，多绘家乡山水。

仲春，子久出游，到玉山[1]，识得许多雅士，作画兴致极高，在"玉山淹留旬日"，作《深山曲邬卷》，画中现水村山郭人家，竹木林壑萦纡。此图时被行家评述"宛若山阴"。

是年正月，诏令："军官除边远出征，其余遇祖父母、父母丧，依

---

[1] 玉山：即苏州昆山，亦称玉山。

民官例立限奔赴。"二月，诏令，罢征八百媳妇右丞刘深等官，收其符印。三月，以旱、溢为灾，诏赦天下。平滦被灾尤甚，免其差税三年。其余灾伤之地，已经赈恤者免一年。年内郡包银俸钞，江淮以南夏税，诸路乡村人户散办门摊课程，并蠲免之。四月，上都（内蒙古境内开平府）遇大水，诏赈其饥民。修卢沟上流石径山河堤。七月，诏令以浙江行省参知政事呼图布鼎，为中书右丞十月，诏令改浙东宣慰使为宣慰司都元帅府，徙治庆元，镇遏水道。

十月初，浙西廉访使张珪（泰定四年十二月去世），劾罢长吏以下三十余人，府史、胥徒数百，征赃巨万计。珪得监司奸利事，将发之，事干行省。有内不自安者，至是赂南人林都邻告珪收藏禁书及推算帝五行，江浙运使哈喇齐言珪阻挠盐法。命省、台官杂治之，得行省大小吏及盐官欺罔状，皆伏罪。召珪，拜签枢密院事，赐济逊冠服侍宴，又命买宅以赐，辞不受。是月，平章政事加大司徒张九思薨。十一月，诏令，江南寺观，凡续置民田及民以施入为名者，并输租充役。十二月，云南地震。

是年，脱脱出兵协助元朝攻打察合台王都哇、窝阔台后王察八儿，笃哇、察八儿战败，归顺元朝。脱脱（1314—1356），名：托克托、脱脱帖木儿，蔑里乞氏，字大用，蒙古族蔑儿乞人，元朝末年政治家、军事家。

是年，郭子兴（1302—1355）出生，定远（今安徽定远）人，中国元末群雄之一，是明太祖朱元璋起兵的关键人物。郭子兴家财富有，善结交壮士。至正十二年（1352），集结数千人，取得濠州。朱元璋曾为其十夫长，因朱元璋战功卓越而被重用。一三五五年郭子兴病逝，其势力为朱元璋所继承，明太祖朱元璋于一三七〇年追赠郭子兴为滁阳王。

1303年（元·大德七年）三十五虚岁

是年，癸卯年。子久居于虞山小山村，忙农耕，辅家事。闲间游走于虞山周边。常有出游，访友问客。

是年，黄子久忘年之友危素出生。危素（1303—1372），字太朴，号云林，金溪（今江西省抚州市金溪县）人，又作临川（今江西抚州市临川区）人。元末明初历史学家、文学家，官至参知政事、翰林学士。

是年，知州卢克治首创："凡官常熟者，当以言公（言偃）为则"重刊《言子》废集。

是年，设浙东道都元帅府。

是年，中国朱世杰著《四元玉鉴》，将天元术推广为四元术，研究高阶等差数列求和问题。

是年，札马鲁丁主持纂修的《大元一统志》完成。至元二十三年（1286），忽必烈任命札马鲁丁为集贤大学士、在奉大夫、行秘书监事，主持纂修《大元一统志》。历经十七年，于一三〇三年完成。全书600册，1300卷，是中国古代由朝廷主持编辑的第一部全国地理志。也是元代官修地理总志，卷帙浩繁，前所未有。书中附有彩色地理图和一幅《天下地理总图》。

是年一月，诏令，凡匿名书辞语重者诛之，轻者流配，首告人赏钞有差，皆籍没其妻子充赏。二月，诏令以平章政事、上都留守茂巴尔斯、陕西行省平章阿喇卜丹，并为中书平章政事。江南行台御史中丞尚文，为中书左丞。江浙行省参知政事董士珍，为中书参知政事。召陈天祥为集贤大学士，商议中书省事。是月，诏令侍御史都多达，为中书省参知政事。三月，诏令以甘肃行省供军钱粮多弊，徙廉访司于甘州。是月，诏令赈辽阳等路饥。十月，诏令以浙江年谷不登，减海运粮四十万石。

是年，学者金履祥逝世。金履祥（1232—1303），字吉父，称仁山先生，兰溪（今属浙江）人。受举于王柏得、朱举之传，穷究义理之学，为一代名儒。不仕元朝。有《仕山文集》等。

是年，华北大地震，平阳（山西大同）、太原尤其严重。村堡移徙，地裂成渠，死者不可胜计。

1304年（元·大德八年）三十六虚岁

是年，甲辰年。子久居于虞山小山村中，侍农事，亦家事。携子闲走于小山周边。携友出游玉山、长洲（苏州）、娄东（太仓）、云间（华亭·松江府的别称）访客问友。

黄子久一生多次游云间，对云间有"割不断，理还乱"的情结和乡思情怀。后有黄子久的好友王逢[1]，曾于诗中描述黄子久曰："十里淞上筑仙关，猿鹤如童守大还。古旧尽骑箕尾去，渔樵常共水云间。吹笙夜半桃花碧，依仗春深竹笋斑。顾我丹台名有在，几时来隐陆机山？"

松江"陆机山"，是黄子久陆姓祖上的祖业和根基所在。在松江几

---

[1] 王逢：字原吉，号最闲园丁、最竖园丁、梧溪子、席帽山人，江阴人，元明诗人。学诗于延陵陈汉卿，才名盛，作《河清颂》，为世传诵。拒不出仕。后避兵祸于无锡梁鸿山。游松江，筑悟溪精舍于青龙江畔青龙镇（青浦县）。元至正二十六年三月二十八日移居乌泥泾宾贤里。栖隐之所，为宋张氏故园，逢名园为"最闲园"，居室为"闲闲草堂"，并自题园中"藻德池"等八景诗，记录其得园经历。明洪武年间，以文学征召，谢辞。卒年七十。

乎没有人不知道黄子久那陆姓祖上"二陆"的历史地位。黄子久一生，是多次"来隐"陆机山的。

是年秋，于家乡山中，写《游骑图》。后由吴其贞评曰："画法苍老，惟失于韵。"

是年三月，赵孟頫又访西湖高丽慧因寺。

是年，常熟立行都水监，少监任仁发，治理福山、浒浦、白茆、耿泾诸浦。史载，任仁发（1255—1327），字子明，号月山道人，青龙镇（青浦）人。元代著名水利专家和画家，系子久之友。十八岁举乡贡，究心水利，学擅专门。元兵南下，任仁发往见平章游显，被任为宣慰掾。后招安海岛有功，引为青龙水陆巡警官。旋缮补大都（北京）水闸，疏浚河道有功，擢升都水少监。黄河决口，又指挥抢救，率众筑堤，以固河防。晚年主持疏导吴淞江。大盈港、乌泥泾等河流开江置闸，镇江练湖治理，皆主其事。官至浙东道宣慰副使。任仁发除长于水利外，亦爱好书画，擅人物和马，自称画学韩干，书宗李邕。曾画《熙春天马》《渥洼天马》图，收藏于秘书监。后筑来青楼和揽辉阁于青龙江退隐终老。有史料说子明为泰定四年卒，终年七十三岁。墓葬于重固乡骆驼墩处。著有《浙西水利议答录》十卷。存世画迹有《二马》《张果见明皇图》《秋水凫鹥图》等，收藏于北京故宫博物院。

任仁发（子明）有三子，称贤才、贤能、贤佐，都曾为县令，并能继承父业，画人、马，笔法与乃父相近，唯工力稍逊。（后世对子明之卒年，多存异议。清乾隆曾在《子明卷》上批语说：子明"……抑或官成归隐，均未可知"。）

是年五月，中书省上言：吴江、松江，实海口故道，潮水久淤，凡湮塞良田百有余里，况海运亦由是而出，宜于租户役万五千人浚治，岁免租人十五石，仍设行都水监。

是年一月，以御史中丞、太仆卿塔斯布哈为中书右丞，江南行台中丞赵仁荣为中书参知政事。是月，平阳（大同）地震不止，已修民屋复坏。皇后召平章政事阿锡叶问曰："灾异如此，殆下民所致耶？"阿锡叶曰："天地示警，民何与焉。"御史中丞何玮疏言地震咎在大臣，于是右丞洪君祥等俱罢。平阳继续地震，已修民房复坍。诏，差税三年。二月，平章政事、商议枢密院事李庭逝世。诏，追封益国公，谥武毅。十月，诏令诸王、驸马毋乘驿以猎。十一月，诏："凡僧奸盗杀人者，听有司专决。"

是年，释普度撰成《庐山莲宗宝鉴》。释普度，宋丹阳（今江苏丹阳）人，俗姓蒋。宋末出家，创庵修白莲教。宋亡，为妙果寺住持，号优昙和尚。成宗大德八年（1304），修成《庐山莲宗宝鉴》十卷，共七万余字。

是年，王恽（1227—1304）逝世。王恽字仲谋，卫州汲县（今属河南）人。官至翰林学士、知制诰，有《秋涧先生大全集》。恽有才干，操履端方，好学，善属文，居官数进谠言。赠翰林学士承旨，诏令，追封太原郡公，谥文定。

是年，元文宗孛儿只斤·图帖睦尔出生。图帖睦尔（1304—1332），是元朝第八位皇帝，他是元武宗的次子。图帖睦尔于一三二八年被知枢密院事燕铁木儿在大都（今北京）拥立为天子，并打败天顺帝朝廷，天下安定。

1305 年（元·大德九年）三十七虚岁

是年，乙巳年。子久本命年。子久仍居于虞山小山村中。季忙农事，亦侍家事。闲无事，坐山观景，读书习画，出游玉山、松陵[1]等周边地区。

是年春，赵孟頫作《饮马图》，题识："大德九年仲春上瀚。子昂。"（存辽宁省博物馆藏）

是年三月，赵孟頫又访高丽慧因寺，于寺中作画饮酒。是年秋，赵孟頫又作《驯马图》，题识："大德九年秋日画。子昂。"

是年三月，诏以枢密副使高兴为平章政事，仍枢密副使。四月，诏，改平阳（山西大同）路为晋宁路。是月，大同路地震，有声如雷，坏官民庐舍五千余间，压死二千余人；怀仁县地裂二所，涌水尽黑，漂出松柏朽木。遣使以钞四千锭、米二万五千余石赈之，是年租赋、税课、徭役，一切除免。五月，诏令，诸王、驸马部属及各蒙人员，凡市庸、徭役与民均输。

六月，吉列迷人甲古报告元廷称："骨嵬人抢劫南木合等地，随后，骨嵬人又过拙墨河抢掠。"是月，立子德寿为皇太子，诏告天下。十月，帝谕，中书省、枢密院、御史台臣曰："省中政事，听右丞相哈喇哈斯总裁，自今用人，非与议者悉罢之。"

1306 年（元·大德十年）三十八虚岁

是年，丙午年。子久居于虞山小山村中。季忙农事，亦持家事。读书习画，闲教两子。偶耍笔墨，登山绘景。多出游玉山、松陵、太湖等

---

[1] 松陵：苏州吴江古城区。

周边地区。

是年，诏令建国子监。

1307年（元·大德十一年）三十九虚岁

是年，丁未年。子久居于虞山小山村中。季忙农事，亦持家事。心中念念，荒芜时日，颇觉无聊。常以酒为伴，无事游耍于山中，或云游于三吴[1]之地，十二月到华亭访友。

是年，诏令追封常熟先贤言偃[2]为吴国公。

是年春（正月，丙辰朔），帝大渐，免朝贺。癸酉，帝崩于玉德殿。
是年二月，道州营道县暴雨，山裂一百三十余处。五月，怀宁王即皇帝位。诏曰："昔我太祖皇帝以武功定天下，世祖皇帝以文德洽海内，列圣相承，丕衍无疆之祚。朕自先朝，肃将天威，抚军朔方，殆将十年；亲御甲胄，力战却敌者屡矣。方诸蕃内附，边事以宁，遽闻宫车晏驾。乃有宗室、诸王、贵戚、元勋，相与定策于和林，咸以朕为世祖

---

[1] 三吴：《历代地理指掌图》载曰，苏州为东吴、常州为中吴、湖州为西吴，称三吴。明周祁《名义考》亦称，苏州为东吴、润州为中吴、湖州为西吴。

[2] 言偃（公元前506—前443），字子游，常熟人。孔子学生，春秋时期思想家，"孔门七十二贤"中唯一南方弟子。擅长文学，曾任鲁国武城宰，阐扬孔子学说，使用礼乐教化士民，境内到处有弦歌之声，为孔子所称赞"吾门有偃，吾道其南"，有"南方夫子"称。葬于虞山东麓，从祀孔庙，成为称"孔门十哲"第九人，享受儒家祭祀，历代追封丹阳公、吴国公。明朝嘉靖时期，定称"先贤言子"。今常熟言子巷有言子故宅，虞山东岭有言子墓，学前街有言子专祠，州塘畔有言子故里亭。见杨载江《言子春秋》。

曾孙之嫡，裕宗正派之传，以功以贤，宜膺大宝。朕谦让未遑，至于再三。还至上都，宗亲、大臣复请于朕。间者奸臣乘隙，谋为不轨，赖祖宗之灵，母弟阿裕尔巴里巴特喇禀命太后，恭行天罚。内难既平，神器不可久虚，宗祧不可乏祀，合词劝进，朕勉徇舆情，于五月二十一日即皇帝位。其与民更始，可大赦天下。”

是年六月，诏令，立母弟阿裕尔巴里巴特喇，为皇太子，受金宝。是月，又诏令，进封高丽国王王昛，为沈阳王，加太子太傅。十一月，杭州、平江等处大饥。发粟赈之。十二月，诏令，改大德十二年为至大元年。

1308年（元·至大元年）四十虚岁

是年，戊申年。子久居于虞山小山村中。每思人生，虽学富谓五车，却有志而无仕。庸庸碌碌，愧与家人。知脾性而无改，惟胸怀丘壑山水。搭酒朋结书友，放浪于江湖，除千丝烦恼。

是年，僧妙因，始建东林寺大殿（上海），原名观音堂。

第五章 不惑之年

四 十 一 虚 岁 至 五 十 虚 岁

1309年（元·至大二年）四十一虚岁

是年，己酉年。子久居于虞山小山村中。出游闲走于虞山周边，到玉山、长洲等处访客问友。

是春，子久在玉山临作《员峤秋云图》（《员峤秋云图》在明李日华《味水轩日记》有载）。子久对自己此幅作品十分喜欢，常随带于行囊中，二十年后仍将此图随身携带至圣井山上。

（子久在画上题诗说：是年，好友清容居士到圣井山上拜访子久时，子久取出《员峤秋云图》让清容欣赏，并题诗后赠予友清容。有史料说，时清容居士已逝，此为疑案。）

是年间，比黄子久年长二十四岁的忘年好友戴表元[1]，为黄子久画像作赞道："身有百世之忧，家无担石之乐，盖其达如晋宋酒徒、侠侣燕赵剑客，至于风雨塞门，呻吟盘礴，欲援笔而著书，则又将为齐鲁之学。"（《海虞别乘》引《富春志》）可见，子久在四十岁左右时，便已颇具绘画名声。戴表元认为，将来黄子久定可以在"画史"中留名的。

是年，常熟莫城建吉家桥。

是年，诏令国铸大元通宝。

---

[1] 戴表元（1244—1310），字帅初，又字曾伯，号剡源，庆元奉化剡源榆林人。宋末元初文学家，被称为"东南文章大家"。宋咸淳七年进士，元大德八年，被荐为信州教授。再调婺州，因病辞归。论诗主张宗唐得古，诗风清深雅洁，类多伤时悯乱、悲忧感愤之辞。戴表元的诗清新雅洁，多伤时悯乱，同情民间疾苦，咏家乡名山秀水。散文清深雅洁，蓄而始发，四方人士争相师法，为至元、大德年间东南文章大家第一人，人称江南夫子。著有《剡源集》《剡源佚文》《剡源佚诗》等。

1310年（元·至大三年）四十二虚岁

是年，庚戌年。子久居于虞山小山村中。为农事，持家事。闲读诗书，以弄墨吟诗度日，时常结友出游。子久心中牵挂十年前在武林（杭州）任上时诸多朋友，又常常思念西湖筲箕泉畔的茅舍是否依旧。

是年三月，子久老友戴表元去世（墓位于奉化溪口镇岩头村三石岭南麓）。

是年，尚书左丞相三宜奴等谋改立武宗之子和世㻋为储。宦官李邦宁揣知其意，乃言于武宗：陛下春秋已高，皇子和世㻋亦渐渐长大。父死子继，自古当然，从未闻有亲子而立弟为储者。武宗听后颇不高兴，认为此事本非出于己意，要李邦宁"往东宫言之"。邦宁惧，不敢再言。后仁宗即位，左右之人都以李邦宁曾谋废立，请诛之，仁宗以天命有数，不足介怀，未予追究。

是年，监察御史张养浩上书言十害：赏赐太侈，刑禁太疏，名爵太轻，台纲太弱，土木太盛，号令太浮，辛门太多，风俗太靡，异端太横，取相之术太宽。养浩言切直，当国者不能容，罢其官。张养浩易姓名逃去。

1311年（元·至大四年）四十三虚岁

是年，辛亥年。子久居于虞山小山村中。春，子久心中牵挂十年前在武林（杭州）仕上时的诸多朋友及西湖筲箕泉旧舍。于是，子久辞家再往武林。

于夏，子久至西湖畔，遇旧识江浙行省平章政事[1]张闾。交谈之间，得张闾赏识，再聘子久，辟为衙中书吏。由此，子久又居于西湖筲箕泉茅舍。陶宗仪在《南村辍耕录》中对黄公望当年居西湖筲箕泉云："杭州赤山之阴曰筲箕泉，黄大痴所尝结庐处。"

是年末，子久独处时，每思人生，大半已去，想当年怒而辞职，均因气盛草率之故，如今复为平章政事衙中书吏，枉费以前十年光阴，可谓"大痴"之人。故将茅舍自诩为"大痴茅庐"。子久当年诸多旧识，闻讯均来庐中道贺、叙旧谊，一时门盈。

是年，元武宗去世。五月，皇太弟爱育黎拔力八达即位于大都，是为元仁宗。

是年，仁宗登基后，为了整顿吏治，改革由吏入仕制度所带来的某些弊端，主张以儒治国，重新提出"求贤取士，何法为上"的问题（《黄金华集》卷四十三），重用儒臣，施行新政。

是年，刘基（1311—1375）出生。刘基，字伯温，温州文成县南田（旧属青田县）人。是元末明初军事谋略家、政治家及诗人。刘基自幼聪颖异常，天赋极高，通经史、晓天文、精于兵法。

1312年（元·皇庆元年）四十四虚岁

是年，壬子年。子久居于西湖筲箕泉茅舍。逢江浙行省平章政事张

---

[1] 行省平章政事：至元二十三年（1286），铨定省、台、院、部官，罢各行省所设丞相，只置平章政事为最高长官，与都省相区别。后来，部分地大事繁的行省许设丞相。延祐七年（1320），复罢各行省丞相，已置者皆降为平章政事，从一品。泰定（1324—1328）以后，某些行省又设丞相，视需要及任职者的地位而定。各行省一般置平章政事两员。

间奉诏调任中书省平章政事[1]，调大都。五月，子久告别诸多友人，关锁茅庐，随张间远赴千里入京，继为张间中书省平章政事衙中书吏，居大都。

是年，常熟州学童有五十余人，日给师生二膳。

是年，皇庆改元，仁宗将其任河南江北行省右丞的儒师王约召来，特命为集贤大学士，并将他的"兴科举"建议，著为令甲（法令的第一条）。见《元史》王约传。

是年，诏令修《武宗实录》。是年，仁宗诏，将和林改名和宁，仍为岭北等处行中书省治所。是年，马致远作《汉宫秋》。马致远（1250—1321），字千里，号东篱，大都（今北京）人。与关汉卿、郑光祖、白朴并称"元曲四大家"，是元代戏剧家、散曲家。

1313年（元·皇庆二年）四十五虚岁

是年，癸丑年。子久在中书省平章政事张间衙中任书吏职，居大都。

是年农历十月，仁宗要求中书省议行科举。农历十一月十八日，仁宗下诏，恢复科举，强调"举人宜以德性为首，试艺则以经术为先，辞章次之"，规定"四书"设问以朱熹章句集注为准，并确立了蒙古、色目、汉人、南人分卷考试，各取二十五人的制度。

是年，王祯著《农书》。王祯（1271—1368），字伯善，东平（山

---

[1] 中书省平章政事：丞相副贰，为中书省、尚书省置，从一品。

东）人。中国古代农学、农业机械学家、道家。元贞元年（1295）至大德四年（1300）曾任宣州旌德（安徽旌德）及信州永丰（江西广丰）县令。王祯在大德二年（1298）制造三万余木活字，排印《旌德县志》一百部。约于元成宗大德四年（1300），著成《王祯农书》。《农书》末还附撰《造活字印书法》，记述其木活字版印刷术。

是年，仁宗诏，册立阿纳失失里为皇后。是年，太后降懿旨，将仁宗奉母居住的怀王宫，改名为兴隆寺（即高台寺）。

1314年（元·延祐元年）四十六虚岁

是年，甲寅年。子久居大都。于中书省平章政事张闾衙中任书吏。忙于衙务，偶有出访交友人。

延祐元年仁宗诏"延祐开科"。在元世祖、成宗、武宗三朝时，曾不断有人要求朝廷，试行科举取士之法，但便均未为三帝采纳。元仁宗好儒尚文，仁宗的儒师太子詹事王约仕元曾多次建议科举，其他大臣也上书请行科举，李孟与仁宗论用人之道，强调"自古人材所出，自非一途，而科目得人为盛。今欲取天下人材而用之，舍科目何以哉"。

是年八月，仁宗下诏，各省举行乡试，一共录取三百人。按规定的解额上贡京师。一三一五年（延祐二年）二月一日至五日，各省乡贡进士一百人聚礼部举行会试。三月七日，仁宗举行御试，中选者五十六人，分别赐予进士及第、进士出身、同进士出身。此后，科举每三年举行一次，只在顺帝后至元元年至六年间中止了科举考试。

是年子久友杨载[1]参加科考，次年（元延祐二年，1315）获报中进士，放授浮梁州同知职。（杨载官终宁国路推官[2]。杨载其文自成一家，尤诗更精，在元初文坛影响很大。）

仁宗初年，江南富户、寺观大量隐占官民田产，强者田多而税少，弱者产去而税存，赋役不均，政府财政收入受到严重影响。是年，中书平章政事张闾建言"非经理固无以去其害"，以使各投下、寺观、学校等从实纳税服役。是年（延祐元年，1314），朝廷采纳中书省平章政事张闾"行经理之法"的建议，颁诏实施"延祐经理"[3]。仁宗帝派张闾等往江浙，派尚书马丁等往江西，派左丞陈士英等往河南，经理田赋，命行御史台分台镇遏，枢密院派军防护。

由于官吏多与富豪勾结，"并缘为奸"，致使延祐经理，成为流毒三省百姓的暴政，江西信丰县甚至出现了撤屋夷墓以充顷亩的现象，江西赣州路更是引发蔡五九领导的大规模反元武装起义。次年（1315），仁宗被迫下诏，免三省经理出来的隐瞒田土三年租税。延祐五年（1318），又下诏，河南所查出的不实田地，每亩减半征收租税，江西部分地区（主要是蔡五九起义的地区）亦免新税。

是年，冀宁、汴梁及武安、涉县地震。屋塌，死三百余人。

---

[1] 杨载，字仲弘，蒲城人，移居杭州。杨载生于一二七一年，比黄子久小两岁。杨载博涉群书，少时即有才名，年四十时仍未仕，后以布衣招为国史院编修，元延祐二年中进士。

[2] 推官：元朝各路总管府及各府所置，掌治刑狱，从六品。

[3] 延祐经理：元廷赋税的临时手段。张榜示民，限四十日赴官府自报田产。如有作弊，许知情人揭发，按欺瞒数额多少处罚，最重者可流放北地，没收所瞒田产。州县官若不认真勘查，一经发现有脱漏情形，量事论罪，重者除名。经理，即查实田产，追纳税粮。

是年，畏吾儿人鲁明善编《农桑衣食撮要》。此书后于文宗至顺元年（1314）重刊。

是年，元仁宗下诏，改年号延祐。

是年，李善长出生。李善长（1314—1390），字百室。凤阳定远（今属安徽）人。明朝开国功臣。元至正十四年（1354），朱元璋经略滁阳（今安徽滁州）时，随之起义，留为掌书记（军政机要秘书），预机谋，至馈饷，甚见亲信。论功被封为宣国公。裁定明初制度，监修《元史》。洪武三年（1370）进左丞相，封韩国公，予铁券。

是年，朱世杰逝世。朱世杰（1249—1314），字汉卿，号松庭，燕山人，元代职业数学家，毕生从事数学教育。著作有《算学启蒙》（1299），曾传到朝鲜和日本。代表作《四元玉鉴》（1303）。

1315年（元·延祐二年）四十七虚岁

是年，乙卯年。子久随中书省平章政事张闾回到浙江武林（杭州）任张闾衙中书吏，居筲箕泉大痴茅庐，助张闾经理田粮之事。

张闾在仅仅几个月的"经理田粮"中，竟大肆贪污，并大动干戈，以"括田逼死九人案"，引发了民众不满，事件惊动朝廷。九月，张闾被朝廷逮捕鞫讯。子久因受案件牵连，也被拘于狱中。

延祐经理田粮：江西赣州（今江西赣州）地区，由昵匝马丁主持。昵匝马丁刻期追索，横加酷暴，至于"撤民庐""夷骨扬墓"，造成民不堪命的局面。其中尤以宁都（江西宁都）情况最为严重。延祐二年（1315）四月，宁都民蔡五九举兵反抗，自称"蔡王"，树汉高祖旗帜，造战棚、炮架、攻具，"其势甚张"。七月，起义军进围宁都州城，杀同知赵某。八月，攻入福建，占领汀州宁花县（福建宁化），"僭称王号"。一时，南方骚动，远近"惊惧"。仁宗急调江浙行省平章政事张间率兵往讨。九月，江浙、江西两省合兵，与起义军战于石城（江西石城）。起义军失败，蔡五九被杀。这次起义，迫使元廷下诏，于当年八月停止经理田粮。

是年，朝廷下诏，停止"经理田粮"。

子久在押狱中之时，正好是松江人夏世泽[1]任监狱长时。夏世泽知道黄子久为人正派，入狱事出有因，故对子久很多照顾与帮忙，黄子久与夏世泽为此结下了深厚友情。

是年，子久因受张闾案牵连下狱之时，也是杨载得报科考中进士之时。

杨载科考得中进士后，被朝廷放任江西浮梁州[2]同知。子久于狱中闻好友杨载，科考得中，放任江西浮梁州同知，心中郁闷。他思道，若

---

[1] 见蒋志明著《吕巷文脉》。元代华亭（璜溪）夏氏，始于湖州长兴夏杞和夏椿兄弟俩。夏杞，曾祖夏逊，祖父夏先，父夏考彬，皆世居吴兴、晦迹乡里。夏杞于南宋景定间（1260—1264）为华亭典押，居住在松江府城内。一二七七年，任元朝华亭尹，任期届满，调余姚尹，病归而卒。夏杞领养金氏子为子，名世昌。夏世昌志尚清虚、雅好道术，是松江府长春道院大施主。

夏椿，字寿之，生于一二四六年七月二十四日。父母亡后，随兄夏杞到松江，兄弟相邻而居。一二八七年至一二九〇年，华亭灾重，夏椿贱价卖米，设粥施于穷人。一三〇八年，有饥荒，救助乡民。时吴兴太守李坦之撰《义士家传》，和江南诸道监察御史周驰作《义士碑》，夏椿榜上有名，彰其门为义士。夏椿一三二〇年六月十日逝世，葬于辰山。临终有嘱后代："毋争财致讼，以辱吾义门。"夏氏仁义之风，可见一斑。夏椿去世时，有四个儿子，七个女儿，孙男七人，曾孙男一人。长子夏世泽，号谦斋，历任嘉兴澉浦税使、杭州狱丞、两浙都转运盐使、司玉泉场监运等职。夏椿去世，夏世泽请元朝三大书法家之一邓文原为其父撰写墓志铭，还遵父训，名其燕处斋为"知止堂"，堂匾牌请元朝三大书法家另一赵孟頫撰写。由元朝二大文豪分别撰写墓志铭和堂名，从此华亭夏氏声名远播。

[2] 浮梁州：元元贞元年（1295）升浮梁县置州，治今江西省浮梁县。属饶州路。辖境相当今江西省景德镇市和浮梁县。明洪武间初复降为县。

不受张闾案牵连下狱，自己亦可能会科考得中。子久思考再三，给杨载写信，表示了对杨载科考得中的祝贺，同时信中还附诗一首："世故无涯方扰扰，人生如梦竟昏昏。何时再会吴江上，共泛扁舟醉瓦盆。"诗中流露出消沉、厌倦、心灰意冷的怨恨情绪。

杨载收到黄子久的信后，回信中安慰子久，待他出狱后，将他介绍给时任淞江知府汪从善[1]，谋求出路。并作《次韵黄子久狱中见赠》诗，回诗赠子久："解组归来学种园，栖迟聊复守衡门。徒怜郿坞开金穴，欲效寒溪注石尊。"

是年，廷诏，朝廷科举"延祐复科"会试、廷试。

是年，农历二月一日，三百名乡试合格者在大都举行会试第一场，三日第二场，五日第三场，取中选者一百人。

农历三月七日，一百名会试中选者在大都皇宫举行殿试（廷试），最终录取护都答儿、张起岩等五十六人为进士。蒙古、色目为右榜，汉人、南人为左榜。会试下第举人七十以上，从七流官致仕；六十以上授府、州教授，余授山长、学正，后不为例。增国子生一百名。

是年六月，郑州河决。是月二十日，元廷决定建置海西，辽东鹰坊万户府，隶于中央的中政院。

是年九月，诏令吏部尚书王居仁等，对张闾"以括田逼死九人案鞫之"。是月十四日，元廷下令，改辽阳省泰州为泰宁府（今泰来县塔子城一带）。

---

[1] 汪从善，字国良，浙江临安人，又说是婺源人，善书法。元延祐年间（1314—1320）任松江知府。汪从善比杨载小八岁，比黄子久小十岁。汪从善与杨载是好友，故黄子久失落之时，杨载把黄子久推荐给汪从善。

1316年（元·延祐三年）四十八虚岁

是年，丙辰年。子久因受张闾经理田粮"括田逼死九人"案牵连，在拘于狱中。

经子久朋友们奔走相助，又经朝廷审察"经理田粮案"时，发现子久与此案牵涉不大，于是，子久"未几出狱"[1]被释。子久虽出狱，却已失去了书吏职务。滞于筲箕泉茅庐内休养数日后，子久准备返回家乡虞山，想起杨载在信中许诺，心里对官宦仕途，仍抱有一丝希望。便奔吴兴杨载而去。

在吴兴杨载的留居处，子久与杨载相见，感慨万千。杨载遵前信中许诺，手书举荐信一封，并附诗《次韵黄子久喜晴三十韵呈汪知府》[2]："霞彩晨张锦，蟾光夕挂钩。阴霾虽尽解，淫潦岂全收。寖动遨游兴，还闻倡和讴。容容追旧赏，历历破新愁。骑气城边纵，龙光海际浮。艳妆来士女，盛服拟王侯。在藻群鱼跃，依林白鸟啾。河流交不断，山势转相缪。物理归含毓，人情释怨尤。娭娱从老稚，燕乐逐朋俦。幄帟分郊次，幨帷拥道周。联翩驰画舫，戢业累朱楼。贸易通遐壤，繁华压大州。聚庐千井富，接栋万家稠。已戒增周□，仍催决下流。嘉蔬连隙地，宿麦遍高丘。曹事虞多废，胥徒戢过求。醲恩方并育，和气与同游。期会朝先往，追随暮不休。露华开的，风叶振飕飕。拾芥非无日，登禾即有秋。朝家期少试，邻郡固难侔。共美光华著，还矜德业修。在廷争进荐，当宁免垂忧。玉漏传台角，金尊出殿头。秉心存正道，造膝待嘉谋。履直恒如矢，防偏或类舟。第夸翻竹简，不省计牙筹。善对惭鸣鹤，能歌愧饭牛。过情蒙许与，弥月为淹留。"一起授予子久，说：子久兄可

---

[1] 未几：时间不长，没隔多久。

[2]《次韵黄子久喜晴三十韵呈汪知府》：见国家图书馆藏明嘉靖十五年刻本《翰林杨仲弘集》。

往松江知府汪从善[1]处，或可谋得差使。子久怀揣杨载的书信，谢辞杨载后，速回家乡虞山而去。在小山村家中，子久感到事业未成，愧对家人。在家休养一些时日后，子久奔松江知府汪从善而去。

松江，有古称"云间"治华亭。据南宋绍熙《云间志》记："古冈身，在县（华亭）东七十里，凡三所，南属于海，北抵松江（吴淞江），长一百里，入土数尺，皆螺蚌壳，世传海涌三浪而成。"松江地处古冈身以西，与青浦、金山等地一起为上海地区最早形成的陆地。由此可知，松江也是地处临海之地。

在松江府汪从善处，可能是因为子久曾受经理田粮"括田逼死九人案"的牵连，又有被官府拘狱经历，子久未能谋得差使，让子久再度为吏的期待，又一次落空。无奈之余，子久落泊于松江（云间），以卖卜度日。

是年，赵孟頫楷书《帝师胆巴碑卷》。《帝师胆巴碑卷》为纸本，纵33.6厘米，横166厘米。卷后有清姚元之、杨砚、李鸿裔、潘祖荫、王懿荣等人跋。钤有清许乃普等人收藏。《东图玄览》《清河秘箧表》《南阳名画表》《式古堂书画汇考》等书著录。现藏故宫博物院。此碑是赵孟頫奉元仁宗敕命撰写的，时年六十三岁，为赵孟頫晚年碑书的代表作。

---

[1] 汪从善（1279—1342）：字国良，杭州临安人，婺源（江西）人。擅书法，入钦定古今图书集成理学汇编字学典，第一百一十五卷。松江知府，官至邵武路总管，卒年六十四岁。

1317年（元·延祐四年）四十九虚岁

是年，丁巳年。子久因在松江汪从善处未能谋得差使，无以继日，落泊于松江。子久以松江北门内柳家巷陆姓祖业为暂居，以替人占卜算卦为生。

在松江，子久虽过着浑浑噩噩的日子，却交下了许多朋友。子久喜爱书法绘画，他虽然未能在汪从善处谋得差使，但并不影响他从此与汪从善成为书法文字方面的朋友。汪从善在松江任职期间，子久每居松江时，与汪从善互访谈书论画。

据松江、青浦、嘉定多种史料记载，黄子久在松江时，与赵孟頫也有多次交聚。

元大德十一年（1307）十二月，赵孟頫曾到松江，并为"宝云寺"写过碑文（见《寰宇访碑录》）。是年，黄子久（三十九岁）在松江。

延祐四年（1317）六月三日，赵孟頫曾为松江"众福院"作篆书院额（见《光绪青浦县志》卷二十九）。是年，黄子久（四十九岁）在松江卖卜。

延祐六年（1319），赵孟頫又为"圆通寺"写寺记（见《光绪嘉定县志》卷二十九），是年黄子久到吴兴，为"松雪斋中小学生"。

在至治元年（1321）五月，赵孟頫在华亭又写《长春道院记》（见《寰宇访碑录》）。

从史料中可见，赵孟頫曾多次到松江，有多次恰逢黄子久也在松江。

特别是在延祐四年六月三日，赵孟頫为松江"众福院"作篆书院额（见《光绪青浦县志》卷二十九）。子久在华亭又遇赵孟頫、夏世泽等。忘年朋友相见，物事全非，彼此间感慨万千。闲叙中，夏世泽促成子久随赵孟頫学画之事（见蒋志明《吕巷文脉》）。

是年，罢右丞相铁木迭儿。元仁宗欲治其专擅贪虐之罪，欲罢右丞相铁木迭儿。因太后庇护，无法实施。令有司代赎在民家为婢之蒙古人子女。取消延祐二年敕令，仍准诸王在分地自置达鲁花赤。

是年，冀宁地震，成纪山崩，岭北亦震。

1318年（元·延祐五年）五十虚岁

子久落泊于松江，以卖卜为生。心静之下，读书掩卷之时，子久不得不思考自己一生多次奔波的坎坷之路。

是年，戊午年。黄子久已是五十岁的人了。知命之年，再求为吏入仕，已是无望。幸于松江巧遇赵孟頫，又得夏世泽等诸友开导指授，子久思考再三，打定主意，决定拜于名师门下，或可成就一番事业。

次年，子久告别了家人，背上行囊，过山涉水，远赴数百里，来到吴兴，入莲花庄[1]，投于赵孟頫门下，拜赵孟頫为师，正式成其入室弟子，为"松雪斋[2]中小学生"。

---

[1]　莲花庄：赵孟頫所建别业。位于湖州市古城区吴兴区域。在唐宋时代，莲花庄一带被叫作白蘋洲，风光旖旎，为一郡之胜。唐代大诗人白居易曾于开成四年（838）写下了《白蘋洲五亭记》。在元代，书画家赵孟頫在此建园，始名莲花庄。莲花庄以碧水风荷，景色幽绝著称。清光绪《归安县志》称莲花庄"在月河之东南，四面皆水，荷花盛开时锦云百顷"。

[2]　松雪斋：松雪斋是元代著名书画家赵孟頫的书斋名，赵孟頫的大多数诗文作品都收录在他的《松雪斋集》里。赵孟頫是元代初期很有影响的书法家，《元史》讲，"孟頫篆籀分隶真行草无不冠绝古今，遂以书名天下"。

是年，赵孟頫作行书《归去来辞》卷[1]。

是年，杨叔谦[2]作《赵孟頫像》，附行书，册页（二开），设色纸本。有赵孟頫题识："延祐五年，提举杨叔谦画，时余为翰林学士承旨，年六十有五。"

[1]《归去来辞》卷：赵孟頫行书，纸本长卷，纵：46.7厘米，横：453.5厘米。共48行，每行10字左右。为陶渊明作于辞官归田之初，是一篇述志的作品，文中着重表达了作者对黑暗官场的厌恶和鄙弃，赞美了农村的自然景物和劳动生活，也显示了归隐的决心。

[2]杨叔谦：南阳南召人，延祐五年（1318）提举，擅人物山水画，与赵孟頫同期。

第六章　知命之年

五 十 一 虚 岁 至 六 十 虚 岁

1319 年（元·延祐六年）五十一虚岁

是年，己未年。时赵孟頫已辞朝退休。当年，为处理夫人管道升身后之事，赵孟頫到夫人娘家祖籍青浦。事毕后，到松江会友，逗留在松江，到华亭等处会友。

子久在吴兴赵孟頫的村墅别业莲花庄，为"松雪斋中小学生"。在莲花庄的"松雪斋"内，子久求是求问，虚心好学，学而不倦，得恩师赵孟頫精心指点和示范，学业大进。

赵孟頫的一家人，都是书画大家（其妻管夫人生前也是书画女杰）。赵孟頫的外甥王蒙[1]，则先于子久拜在娘舅赵孟頫门下为弟子，二人从此相识。

论年龄，王蒙比黄子久幼二十九岁。论入门时间，王蒙却先于子久，是子久的师兄。从此，二人成为忘年之交。

王蒙是元四家中年龄最小之人，更是黄子久交谊较深的忘年之友，也是后来在黄子久小山山居中的常客。

是年，赵孟頫为"圆通寺"写寺记[2]。

是年，云南"圆通寺"扩建工程完成。圆通寺位于昆明市区内的圆通街，是昆明最古老的佛教寺院之一，有 1200 多年的历史。是昆明市内最大的寺院。始建于唐朝南诏时代，初名补陀罗寺。元朝大德五年

---

［1］王蒙：字叔明，号黄鹤山樵，生于一三〇八年，吴兴人。赵孟頫外甥兼弟子。工诗文书法、山水人物。元末为官，至明初，曾出任泰安知州。王蒙善山水画，重厚墨，构图繁密，碎苔细点，画面繁密充实，景色郁然深秀，倪瓒曾赋诗称赞"王侯笔力能扛鼎，五百年来无此君"。他与黄子久、吴镇、倪瓒被后人并称"元四家"。

［2］《赵孟頫与〈大报国圆通寺之记〉》：见《光绪嘉定县志》卷二十九及周关东著《人文嘉定》。

（1301）建圆通寺，元朝皇帝"赐玺书嘉"。扩建工程历时十八年，直到元延祐六年（1319）才告完成。明朝时，圆通寺得到扩建，山顶又新建接引殿。清朝时也得到多次重修。

是年，重新铸造南山寺大雄宝殿铜钟。漳州南山寺大雄宝殿的左侧有一个石佛阁，称"净业堂"，阁中有一巨大的石笋，聘请石匠名师把它雕成弥陀佛像。佛像连莲花座高达一丈六尺，造型优美，俗称大石佛。大雄宝殿的左角悬挂一口直径三尺八寸，高五尺六寸，重1300多斤的大铜钟。唐朝时铸造，元朝延祐六年（1319）扩建寺院时，重新修铸，钟上有元朝住持僧右愚的题铭。

是年，蒙汉合文碑。蒙汉合文碑，立于合阳县（合阳县，隶属于陕西省渭南市，古称有莘国，是中华民族的发祥地之一）城西门外路北，又叫御宝圣旨碑。此碑刻于元代延祐六年（1319），碑圭阴纹。篆刻"御宝圣旨"四字，两边为阴线刻缠枝蔓草纹，碑文上边为蒙古文，下边是汉文，内容为元代诸帝保护寺院的谕旨。碑阴有文，除年月和落款有别外，其余都与阳面相同。一九八五年于碑端建砖亭保护。为省级重点文物保护单位。

1320年（元·延祐七年）五十二虚岁

是年，庚申年。子久居吴兴莲花庄。

子久在吴兴赵孟頫的"松雪斋"内，认真学画习书，常常站立赵孟頫一旁，亲眼看着老师撰写"千字义"帖、"快雪时晴"帖等书法帖品，自称为"松雪斋中小学生"。（在赵孟頫书《千字文》后，有黄子久的题诗道："当年亲见公挥洒，松雪斋中小学生。"）

子久在赵孟頫的"松雪斋"内学画，得赵孟頫指点精要，其书画习作，常得赵孟頫的赞赏。

子久居吴兴时，常遇许多官场士大夫到莲花庄探访赵孟頫者，如危素、袁桷、杨维桢、姚文奂、顾信、陈存甫、倪瓒、倪文光（倪瓒兄）等，许多人从此成为子久的朋友。

危素，字太朴，号云林，江西金溪人。翰林学士，博学善文辞，工书法，生于一三〇三年，比黄子久幼三十四岁。他是黄子久的忘年之友，二人交谊极深，他曾义赠黄子久家藏宋纸二十方为作画之用。黄子久其画绘虞山的《秋山图》和《春山仙隐》《茂林仙阁》《虞峰秋晚》《雪溪唤渡》虞山四季图四幅，以及以危素所赠宋纸作的《柳市桃源》《春林列岫》《柳塘渔舸》《桃溪仙隐》《亭林萧散》《纯溪归棹》《春江花邬》《长林逸思》《秋江渔棹》《江深高阁》《霜枫归旅》《秋江帆影》《柳浪渔歌》《松坡晴嶂》《秋山深处》《枫林寒岫》《溪阁松声》《江山萧寺》《烟岚云树》《雪山旅思》共二十幅，都被危素索要了去。特别是黄子久历时五年之久所作的《仿古二十幅》，均被黄子久以"君何以货利辈视我乎，我非货利人也"的豪爽性情，赠给了危太朴。危太朴是得黄子久赠画最多之人。

袁桷，字伯长，号清容居士，浙江鄞县（庆元）人，成宗大德后入居翰林学士，长达三十年。袁桷生于一二六六年，比黄子久长三岁，是黄子久的好友。（据黄子久诗述，袁桷曾多次造访黄子久在虞山小山的茅庐、西湖筲箕泉仙居处，向黄子久索画。袁桷还曾远涉平阳圣井山探访修道隐居中的黄子久，与其同赏黄子久二十年前所临的李思训《员峤秋云图》。袁桷还曾得黄子久赠《为清容长幅》图等多次赠画。此为当今疑案。）

杨维桢，字廉夫，号铁崖，晚号东维子，善诗文、书法，行草清劲，浙江绍兴人。杨维桢是泰定四年（1327）进士，初授天台县尹。至正初卸杭州四务提举，转任建德路推官，升江西儒学提举，后因避兵未赴任上，是元代江浙时著名的文人官吏。杨维桢亦常往来于豪门之间，和倪瓒、顾瑛等江南巨富，交往也很密切，同时结交了一批著名书画家，黄子久便是其中之一。杨维桢还在他的《鲁钝生传》中说："余友海内奇士，屈指不能四三人。其一日茅山外史张公雨，其一日大痴子黄公望。"杨维桢生于一二九六年，比黄子久小二十七岁，与黄子久是忘年之交。杨维桢喜与黄子久结交，且与黄子久一样欢喜吹铁笛，故人称铁笛先生。在杨维桢居松江的时候，与黄子久幼叔陆居仁有交谊，与黄子久交往更频。据杨维桢在《东维子文集》中记载，二人曾"扁舟东西泖间，或乘兴涉海，抵小金山"，黄子久取出小铁笛，让杨维桢吹奏洞庭曲，子久则以歌和之。可见他们志趣相投。在杨维桢《东维子文集》中有《次韵黄大痴》诗一首，诗意说明，二人交情非同一般。黄子久曾多次将杨维桢所居的铁崖山入画，并赠画予杨维桢，可见二人忘年之交的感情颇深。有说杨维桢逝世后墓葬于天马山三高士（杨维桢、钱惟善、陆居仁）墓。宋濂在《杨君墓志铭》中有"初，君为童子时，属文辄有精魄，诸老生咸谓咄咄逼人。"文赞杨维桢童子时的才情逼人。

姚文奂，字子章，号娄东生，昆山人，生卒不详。姚文奂聪明好学，博通经史，善诗词，官任浙东宣慰司令史。黄子久与之结交，成为好友，且常到他府中观赏藏画，并且常为姚文奂的藏画题跋。至正四年（1344）春，七十六岁的黄子久在姚府，观赏到姚文奂收藏的唐代王维《捕鱼》《雪溪》二图，深深感到"古人命意用笔，殊非草草"。从此，黄子久作画均临习王维笔法。

顾信，字善夫，玉山（昆山）人，善诗文、书法。曾任浙江军器提举，是玉山富豪。顾信生于一二七九年，比黄子久小整十岁，是黄子久好友。黄子久曾前后花了一年多时间，为其作过《为顾善夫八幅》，可见二人关系非同一般。顾善夫罢官回乡后构舍于玉峰山下，黄子久更是顾善夫家中的常客。黄子久常"过从促膝盘旋，竟夕而返"，并写《处静图》赠予顾善夫。

倪昭奎，字文光，无锡人，倪瓒兄，梁溪富户，生卒年不详。曾与黄子久同事。学道书院山长。为全真教金月岩弟子。元贞初（1295），倪昭奎被浙西廉访使徐琰招其议幕中，与黄子久成为同事。后来徐琰又荐倪昭奎，授学道书院山长，约大德十一年（1307）前后，倪昭奎师从金月岩加入全真教。延祐元年（1314），倪昭奎接旨升玄文万寿宫住持，提点杭州开元宫，还被元朝廷"特赐真人号"。因黄子久与倪昭奎曾同在徐琰幕中为吏，交情颇深，黄子久又经常出入于倪家的清閟阁，和倪瓒切磋画艺，所以后来黄子久会与其弟倪瓒一同加入全真教，所有这些，很大程度上是受了倪昭奎影响。

是年正月，元仁宗（1285—1320）驾崩。是月，皇太后复任铁木迭儿为右丞相。二月，右丞相铁木迭儿有意报复，诬杀集贤学士朵儿只、平章政事拜住。又捕四川行省平章政事赵世延到京，因有旨勿问始止。诸人过去均揭发其罪恶，或牵制其作为。三月，皇太子硕德八剌即位，是为元英宗。诏赦天下，尊皇太后为太皇太后。十二月，江浙行省平章政事以巴延彻尔，江西行省平章政事白萨都，并坐贪墨免官。

是年，元惠宗出生。元惠宗（1320—1370），孛儿只斤·妥懽帖睦尔，即元顺帝，元朝第十一位皇帝。

是年，陈友谅出生。陈友谅（1320—1363），湖北沔阳人；在朱元璋征讨华中群雄时，有"友谅最桀，士诚最富"之说。

1321年（元·至治元年）五十三虚岁

是年，辛酉年。子久居吴兴莲花庄，为"松雪斋"中小学生，已时历第四个年头了。

子久习作，常得赵孟頫指点精要，其所书画习作，常得老师赵孟頫的赞赏。子久在赵孟頫的"松雪斋"内学画逾三载，是年末，子久学业已初成。他思念家人心切，依依不舍地告别老师赵孟頫，回到阔别多年的虞山西麓小山村。

黄子久在赵孟頫处习画有近四年，黄子久离开"松雪斋"那年是五十三岁。有史料中说"黄子久在五十三岁后画名大振"，正是这个原因。可以说，赵孟頫在逝世前几年中，把毕生的画技精要传授给了黄子久。

是年三月，廷试进士，赐泰布哈、宋本等六十四人及第、出身。五月，命世家子弟成童者入国学。六月，霸州大水，浑河溢，受灾者二万三千三百户。十二月，立伊奇哩氏为皇后，遣摄太尉、中书右丞相特们德尔持节授玉册、玉宝。

是年，福建境内设八个路，均归江浙行中书省管辖。

1322 年（元·至治二年）五十四虚岁

是年，壬戌年。子久居家乡虞山西麓的小山村中。回到家乡后，子久细心体会近四年老师处所学精要，不断临作王维以及董源、巨然等名画家作品，所作山水画现出神入化之象。此后，子久的画名大振。

是年六月，黄子久的老师赵孟頫在莲花庄病逝，终年六十九岁。

赵孟頫比黄子久长十五岁，是黄子久山水画授业老师，亦是子久的忘年之交、至深之交，赵孟頫对子久一生山水画成就影响最大。得知老师赵孟頫病逝之信后，黄子久悲痛万分，速赶吴兴奔丧。在老师的丧事办毕回家途中，黄子久随途云游于吴兴、荆溪、无锡、长洲、玉山等地。

此后十余年中，黄子久大多隐居于虞山小山，并以虞山小山为中心，还不断外出云游，以书画为媒，广交朋友。

是年夏，杨维桢到吴中（苏州），在开元寺与大都路儒学教授虞集相遇（虞集，南宋丞相虞允五世孙，1272—1348，字伯生，号道园，世称邵庵先生，江西人，祖籍四川），次年秋离苏州往浙东四明山。

是年，英宗硕德八刺，实施新政。

1323年（元·至治三年）五十五虚岁

是年，癸亥年。子久隐居小山村中潜心作画，名声渐已外扬。此年，第一位到小山黄子久处拜访子久的，是子久的忘年好友危素。

危素比子久幼三十四岁。两人相识于吴兴赵孟頫处，是忘年之交，与子久交谊很深。时年危素离开龙虎山读书处，涉游到虞山，在小山黄子久山茅舍，向子久索画。子久应允危素文求，许诺日后一定付之。

危素生平得子久所赠《春山仙隐图》《茂林仙阁图》《虞峰晚秋图》《雪溪唤渡图》（此四幅称《虞山四景图》）、《秋山图》《山水二十帧》《仿古二十幅》等作品近五十幅，是为最多者。为此，吴镇曾作诗《子久为危太朴画》道："子久丹青好，新图更擅长。浮空烟水阔，倚岸树阴凉。咫尺分浓澹，高深见渺茫。知君珍重意，愈久岂能忘。"

是年八月，朝廷发生政变。铁木迭儿之党御史大夫铁失等，在上都杀英宗，并杀右丞相拜住。诸王迎立晋王也蔽铁木儿（武宗堂兄）于北边。八月二日，铁失遣密使斡罗思至秃剌河，告镇守漠北的晋王也孙铁木儿："谋已定，事成，推立王为皇帝。"八月五日，英宗大驾从上都启程南还大都。当晚，驻跸于离出发地三十里的南坡（今内蒙古正蓝旗东北）。铁失、也先帖木儿与大司农失秃儿、前平章政事赤斤铁木儿、前云南行省平章完者、铁木迭儿之子锁南、铁失弟锁南及按梯不花等五个蒙古诸王共十六人，趁英宗熟睡之机，以阿速卫兵为外应，发动政变。先杀右丞相拜住，然后铁失手弑英宗于卧床之上。史称"南坡之变"。

是年十月四日，晋王也孙铁木儿即位于龙居河（即今克鲁伦河），是为泰定帝。

1324年（元·泰定元年）五十六虚岁

是年，甲子年。子久在小山村中潜心作画。历游虞山周边。

子久因多年无业，所以家中清贫。子久的长洲好友郑元佑[1]曾在其《侨吴集》卷三《黄公望山水》中这样描述道："姬虞山，黄大痴，鹑衣垢面白发垂。愤投南山或鼓袒，扬勇饥驱东阁，肯为儿女资。不惮北游行万里，归来画山复画水……"

郑元佑作为子久的忘年好友，常出现在子久的小山茅居中，二人间可谓忘年之交情深。郑元佑与昆山顾善夫、顾瑛等亦是好友，与黄子久同为"玉山草堂座上宾"。

---

[1] 郑元佑，号遂昌先生，元代名士，浙江丽水遂昌人。生于1292年，比子久小二十三岁，元至正五年（1345）进士，江浙儒学提举儒学大家、书法家。郑元佑移居吴中（长洲）近四十年，常往来于吴中和常熟、昆山之间。

郑元佑与黄子久常常一起吟诗、结伴而出游。在黄子久入道以后，郑元佑有《寄黄山人子久》七言诗："众人皆黠我独痴，头蓬面皱丝鬓垂。勇投南山刺白额，饥缘东岭采青芝。仲雍山址归休日，尚余平生五彩笔。画山画水画楼台，万态春云研砌出。只今年已八十余，无复再投先范书。留得读书眼如月，万古清光满太虚。"（仲雍山，即小山东边的虞山。）从这些文字中可以发现，郑元佑对子久的生活状况非常了解。

是年，诏，亲王图帖睦尔于琼州，封怀王。

是年，刘元去世。刘元（1240—1324），又作刘銮，字秉元，元朝雕塑家。

1325 年（元·泰定二年）五十七虚岁

是年，乙丑年。子久在小山村中潜心作画。闲时历游虞山周边。

子久虽然无业，家中清贫，但为人正直豪爽，视金银似粪土。子久时而云游在外，时而隐于小山，每天读书作画，粗茶淡饭。他把为危素作画的许诺，始终放在心上，投心于作画之中。

是年，邑人杨伯麟，捐建杨氏义学。

是年七月，诏令禁汉人收藏和携带兵器。九月，诏令分全国为十八道，遣使宣抚，负责减赋详刑，赈恤贫民及按问官吏不法诸事。

是年，诏令因国库收入少于支出，减少国家支出。

是年，诏令禁后妃、诸王、驸马毋通星术之士，非司天官不得妄言祸福。

1326年（元·泰定三年）五十八虚岁

是年，丙寅年。子久在家生活清贫，却潜心作画。他在小山村先后作了《春山仙隐图》《茂林仙阁图》《虞峰秋晚图》《雪溪唤渡图》共四幅，并题记道："太朴先生颇喜余画，每有所委，必婉词相慰。盖亦知绘事之不可急取也。此四幅兴发则挥，思适则止。虽淹留五载，而先生不我责，稍有可观，先生又为之欣然色喜矣……"并称《虞山四景图》。

子久此四图，后来分别有好友柯九思、吴镇、王蒙、倪瓒等分别在画上为危太朴题诗。

是年，河决归德府境，又决郑州阳武县。汴梁路与亳州河溢。

是年，诏以山东、湖广官田赐民耕垦，人三顷，仍给牛具。

是年，诏，郑州阳武县河决，漂万六千五百余家，赈之。

是年十月，河水溢汴梁路，乐利堤坏，役丁夫六万四千人筑之。十一月，诏封诸王特穆尔布哈为镇南王，镇扬州。

是岁，亳州河溢，漂民舍八百余家，坏田二千三百顷，免其租。大宁路大水，坏田五千五百顷，漂民舍八百余家。死者人给钞一锭。

1327年（元·泰定四年）五十九虚岁

是年，丁卯年。子久在小山家中清贫度日，潜心作画。

是年，国家政局动荡，人间诸多悲惨之事，亦侵痛入子久心。子久虽身处山野小村，却胸有怜悯情怀，叹自己曾空怀一颗报国之心，却仕途屡有不堪，然如今亦无可奈何。

是年，史载袁桷病逝[1]。《元史》载，袁桷，字伯长，号清容居士。生于一二六六年，比黄子久年长三岁，是成宗大德后入居翰林学士，长达三十年。是年受教于当时大儒王应麟、翰林国史院检阅官、应奉翰林文字兼国史院编修官、翰林修撰、翰林待制、集贤直学士、翰林侍讲学士等职。当时朝廷制册、勋臣碑铭多出其手。他曾奉旨修成宗、武宗、仁宗三朝大典。泰定初年，袁桷坚辞官职而归里，闭门读书著述，自号"清容居士"，晚又号"见一居士"，卒于一三二七年，谥号文清。

〔子久诗中说，黄子久七十岁（至元四年）那年四月，袁桷（时已七十三岁）曾得子久所赠《为清容长幅图》一卷，并图中有子久赠诗，曰："入山眺奇壑，幽致探何穷。一水清岭外，千岩绮照中。萧森凌杂树，灿烂映丹枫。有客茅茨里，居然隐者风。"子久诗中回忆二年前（至元二年）清容居士携纸到小山访黄子久求画时的情景，诗赞当时来访者清容隐者的潇洒形象。可证袁桷彼时尚在世。此事件，或成为当今疑案。〕

是年，杨维桢以会试入榜第三十二名，廷试为二甲进士，授承事郎，任台州路天台县尹。

---

[1] 袁桷，有清容居士号。比黄子久长三岁，是子久的好友。史料说袁桷死于一三二七年，时六十二虚岁。笔者在研究中发现，有多处黄子久亲自在画中题记的文字，如：见子久的《员峤秋云图》，有子久六十一岁当年（1329）八月，在圣井山上学道时，竟仍有袁桷上山探访子久，并赏阅子久《员峤秋云图》之情，子久作诗题于图上赠予袁桷。此后，还有一三三六年，袁桷"访子久到小山"事件。还有一三三八年四月，黄子久说袁桷"以信向子久索画"事件等之出现。上述是否可证实，袁桷"卒于一三二七年"，亦是托辞，实为假死，或退隐而不露。子久为何在诗中赞其为"居然隐者风"，或此为历史之疑案。

是年，三月，廷试进士，赐阿拉齐、李黼、杨维桢等八十五人及第、出身。是月，和宁地震。有声如雷。五月，洛阳发生蝗灾。六月，汴梁路河决。八月，四川发生强烈地震。九月，宁夏再次地震。十一月，阳曲县地震。十二月，宁夏地震。

是岁，汴梁诸属县霖雨，河决。扬州路通州、崇明州大风，海溢。

1328年（元·泰定五年、致和元年、天顺元年、天历元年）六十虚岁

是年，戊辰年。子久在小山家中清贫度日，潜心作画。

是年，元朝泰定皇帝去世后，元朝大臣知枢密院事燕帖木儿迟迟不立年幼的太子阿速吉八即位，并把阿速吉八赶到上都，在大都（今北京）拥立元武宗之子图睦帖木儿即位，是为元文宗[1]。

朝廷政局多变，年中三换皇帝，三改年号，国家更加动荡，子民更加多灾多难，诸多悲惨事，长久地侵痛着子久的心。他虽身处山村中，却生厌世之心，竟萌生出家入道之念。子久与好友倪瓒相约聚议，欲同投入道门，寻求解脱之道。倪瓒，字元镇、玄瑛，号云林、懒瓒、幻霞生，梁溪（无锡）人，是倪昭奎（字文光）弟，被人们尊称"梁溪两君子"之一，也是金月岩弟子，全真教道中人。倪瓒生于一三〇一年，比黄子久幼三十二岁，与黄子久相识于杭州，是黄子久交谊最深的忘年之友。倪瓒善山水画，长期陪伴黄子久云游四方，与晚年的黄子久曾影形相随，并豪爽资助黄子久云游之资，同去平阳同上圣井山拜金月岩为

---

[1] 戊辰年（1328）为元王朝最乱的一年，皇权间争斗不断，政变不断，政局动荡，一年中竟三改年号（由泰定五年改"致和元年"，阿速吉八帝改"天顺元年"，图帖睦尔帝改"天历元年"）。

师遁入道门。

是年初，子久友杨维桢赴台州路任天台县尹。任期才一年多，因"八雕事件"而得罪上官，被调离，次年任乡试考官。

是年二月，泰定帝改年号"致和"。六月，开元等路大水成灾。七月，泰定帝死于上都（今内蒙古自治区多伦县以北）。丞相倒剌沙，在上都将刚满九岁的阿速吉八拥立为皇帝，改元"天顺"，是为天顺帝。

八月，燕铁木儿等在大都发动政变，逮捕主要官员，召百官入宫，派人迎武宗之子图帖睦尔为帝，改元"天历"。九月，图帖睦尔即皇帝位，是为元文宗，诏告天下，等待长兄和世瓎入京，立即让位。十月，文宗派哈散、撒迪等相继到北地迎和世瓎入朝。

是年十月二十一日，朱元璋出生。

是年十一月十七日，元文宗决定罢免及禁锢原辽王所辖诸路，府、州、县达鲁花赤，选派流官代替之。

第七章 花甲之年

六十一虚岁至七十虚岁

1329年（元·天历二年）六十一虚岁

是年，己巳年。子久本命年。子久前后两次入吏，均未长久，可谓人生无常。子久自出狱后十余年来，经过反思、静修，回顾一生经历，不再有入仕为官的意愿。他从心底里彻底看破红尘。此年，他加入全真教。

元天历二年（1329）春，子久与好友倪瓒相约，一起拜师入道。他们跋山涉水，来到浙南永嘉平阳与瑞安的交界处，遁入飞云江畔的大山——圣井山中。圣井山距常熟虞山有一千五百多里，是元代名道金月岩修道之所在。

圣井山是平阳著名宗教圣地，道界高人金月岩的道观"天瑞庵"也筑于山顶之上。当年金月岩正是在天瑞庵道观中修道传道，十八年中少有下山。（另据平阳、瑞安相关资料均述：金月岩还于圣井山龙虎山上结"先天观蓬莱庵"。）

在圣井山顶东坡，有时代最早、规模最大、保存完整的石构石殿建筑群"圣井观"。圣井观，始建于南宋景定元年（1260），历史悠久。〔现存的圣井观，是明代万历至清光绪年间（1573—1908）屡所重筑遗迹。〕内有石井一口，名"青龙泉"井，位于山巅石殿神座前供桌下，"深广不盈尺，永无盈涸，清洌甘甜"，因而人们口碑相传，称为"圣井"，故观以"圣井"为名，久而久之便把原祀许旌阳的许真君殿，也称作圣井山石殿，进而把整座山许多山峰也统称为圣井山了。

在圣井山主峰顶上的道观天瑞庵中，子久与倪瓒同拜道长金月岩[1]

---

[1]《遒藏》载，金月岩，又名金志扬（志阳），俗称金蓬头、蓬头师，号野庵。永嘉（温州）人。全真教圣井山天瑞庵和蓬莱庵庵主，是黄子久道门师傅。金月岩长期在圣井山修道，卒前约十八年中极少下山。

为师，正式加入了全真教，成为金月岩门下弟子。子久从此自号"大痴道人"。

中国道教协会有关黄公望的资料载："《历世真仙体道通鉴续编》有《金月岩传》，张宇初《岘泉集》亦有《金野庵传》，载金蓬头学道于全真李月溪。又据张宇初言，李月溪应初学道于白清紫，即白玉蟾（1194—1229）。李真常即李志常（1193—1256），是丘处机西游随行弟子之一。可知李月溪原是金丹派南宗门徒，后从李真常参学全真……"

另外有《道藏》题为"嗣全真正宗金月岩编嗣全真大痴黄公望传"的三篇丹诀，以及黄子久为金蓬头所题像赞："师之道人，此特其迹。普愿学者，惟师是式。大痴道仆黄公望稽首拜赞"，均可作为黄子久师承金蓬头的力证。

在圣井山天瑞庵主峰下西侧，有一洞穴（实地探考，洞穴今尚存），子久隐居其中，潜心习修道教、作画达五年之久。

在圣井山天瑞庵苦行修道时，子久为自己取名：苦行。子久所居洞穴，其位于圣井西侧，而"井西道人"又成为他取的道号。另外其洞穴之外，竟有挚天一峰如剑，独立于当口。故而，子久为自己再取"一峰道人"号。

〔子久诗中说入道当年（1329）八月十日，其好友清容先生（即袁桷，元成宗大德翰林院学士。有史料却载，时袁桷卒已有三年，是为疑）远赴圣井山子久修道处拜访。子久把来圣井山修道时随身携带的二十多年前所临的李思训《员峤秋云图》，拿出来给清容鉴赏，清容先生叹赏不已，子久兴起，遂赋诗一首："蓬山半为白云遮，琼树都成绮树华。闻说至人求道远，丹砂原不在天涯。"赠与清容先生。此事为当今疑案。〕

黄子久在圣井山上帮助金月岩完成了内丹典籍。一三三六年（黄公望六十八岁，即黄公望离开圣井山三年后），金月岩逝于圣井山上。

是年，陶宗仪出生。陶宗仪（1329—1410），字九成，号南村。黄岩清阳人（浙江台州路桥）人。明初文史学家。父陶煜官至上虞县尹，叔陶复初是书画家。元末元至正八年（1348）三月举进士不第，八月避兵出游浙东、浙西。入明后，隐居华亭，开馆授课。终身不仕，学陶渊明，隐居泗泾南村，人称"南村先生"。工书法，尤能小篆，勤于笔记，随身携带笔墨，遇事即记。著有《书史会要》《南村辍耕录》《说郛》《南村诗集》等。陶宗仪为子久忘年之交。

是年正月，和世㻋在朔漠诸王的劝进下，在和林北即帝位，是为元明宗。

是年正月十三日，元文宗诏中书与勋旧大臣议其事。三月，燕铁木儿奉玺北迎明宗。年四月，立弟怀王（文宗）为太子。八月二十五日，和世㻋与自大都出迎的图帖睦尔会于王忽察都（今河北省张北）。数日后明宗暴死。燕铁木儿带帝玺偕图帖睦尔急回大都，复文宗帝位。

1330年（元·天历三年·至顺元年）六十二虚岁

是年，庚午年。子久居于圣井山上潜心修道，不问世事。其间，帮助师傅金月岩，精心撰编内丹典籍。子久在圣井山天瑞庵修道的闲间，游遍圣井山的各处胜迹，其山中蓬莱峰（金月岩的蓬莱庵所在处）、保昌寺、盘古庵等寺观，更是他常去之所。圣井山的无限美景，深深印刻在他的脑海中，为他后来创作山水画《山居图》，积下大量素材。

至顺元年（1330），已经六十二岁的子久，在圣井山潜心修道。虽身在道界，却画名远播，关注他的朋友也接踵而至。是年，危太朴远赴圣井山，到子久处拜访。

危太朴把自己从不示人的家藏宋纸二十方，赠予子久。危素认为，这些珍贵宋纸"非大痴笔不足以当之"，并嘱子久为其作画，子久应允："日后付之。"

是年，云南诸王秃坚反，称云南王。以燕铁木儿有拥戴功，使独为右丞相，不置左丞相。以伯颜知枢密院事。括益都、般阳（山东淄博西南淄川）、宁海（牟平）"闲田"十六万余顷，赐大承天护圣寺。

是年，河决大名路东明、长垣、曹州济阴县。

是年，修建柏林寺塔。柏林禅寺坐落于赵县城内，始建于东汉末年，有"畿内名刹""古佛道场"之称。柏林寺塔，坐落在柏林禅寺院内的，是纪念被唐代佛教称为"赵州古佛"、被唐昭宗封为"真际禅师"的柏林寺住持从谂高僧。

1331年（元·至顺二年）六十三虚岁

是年，辛未年。子久以天瑞庵所在主峰西侧下约十六丈处洞穴为藏身之所，继续帮助金月岩编撰内丹典籍。

是年仲春望日，子久隐于圣井山上洞庵中潜心修道，悟彻人生，得闲题跋于《李倜临右军帖》，其中云："至于立身宦途，而志趣常超然于物表，此吾所以起劲者业。"

在圣井山顶下正西侧约十六丈的腰坡处，有黄子久当年隐居修道的庵洞。

这是一个利用山顶下坡腰上巨型岩石的自然凹处，凿垒成的庵洞。庵洞的位置，与圣井山顶正东侧那口"圣井"的位置，正好呈对称方向。洞深处及两侧洞壁均为巨型岩石，庵洞内面积约五平方米。洞顶的岩石上，有一个人工开凿的孔洞，围着孔洞周边有一圈深褐色的痕迹，庵洞中的苔痕厚积可驳。洞门是以乱石垒成，站在庵洞内向正面方向看，洞口悬崖边有一座海拔近七百米、坡呈六十度左右的陡峭险峰拔地而起。此峰前后左右遥无牵挂，独自耸立如擎天之柱。站在洞口看此峰，让人有云端览峰之感。站在洞外，向左俯瞰，飞云江[1]绿色流水，形如蛟龙翻飞。向左眺望，一座黛色异秀峰，状如猛虎雄居。

在子久隐居所处山之下，是黄氏家族聚居之所，名"净水村"。从子久所处庵洞外向左下方俯视，净水村全景便一目了然。子久处于庵洞中，或有所思，又添一号，曰：净墅，又作"净坚""静坚"等别号，寄托子久对养父黄乐养育之情。

是年五月，《皇朝经世大典》成。

是年，建碧云庵，后称碧云寺。碧云寺位于北京西郊香山东麓。

是年，孔思凯主修山东曲阜孔林墙，筑孔林门。

1332 年（元·至顺三年）六十四虚岁

是年，壬申年（闰年）。子久仍隐于圣井山上潜心修道，他在天瑞庵所在主峰西侧下约十六丈处洞穴为藏身之所，帮助师傅金月岩撰编内丹典籍，即将完成。

是年二月，文宗再命燕铁木儿兼奎章阁大学士，领奎章阁学士院

---

[1] 飞云江：古代曾名罗阳江、安阳江、安固江、瑞安江，从浙南流入东海的河流，是浙江省第四大河，温州市第二大河。发源于浙江省景宁畲族自治县洞宫山白云尖，自西向东流经泰顺县、文成县，在瑞安市城关镇东南上望镇新村入东海，落差约 1200 米。

事。燕铁木儿"自秉大权以来，挟震主之威，肆意无忌"。十月，文宗病逝于上都。遗诏传位于明宗之子。十月，年仅七岁的明宗次子孛儿只斤懿璘质班即帝位，是为宁宗。但宁宗在位四十三天就去世，是元朝诸帝中最为短命的皇帝。

是年，元文宗孛儿只斤·图帖睦尔（1304—1332）是元朝第八位皇帝，他是元武宗的次子。图帖睦尔于1328年被知枢密院事燕帖木儿在大都（北京）拥立为天子，并打败天顺帝朝廷，天下安定。

是年，徐达出生。徐达（1332—1385），字天德。汉族，濠州钟离（安徽凤阳东北）人。明朝名将。出身农家，少有大志。元至正十三年（1353），徐达参加农民起义军郭子兴部，隶朱元璋。从取滁州（安徽）、和州（和县）等地，智勇兼备，战功卓著，位于诸将之上。

是年，朱元璋正妻马氏出生。马氏为明太祖朱元璋之皇后。

1333年（元·至顺四年·元统元年）六十五虚岁

是年，癸酉年。子久仍隐于圣井山上潜心修道，得闲时为《兰亭旧刻》写跋。

子久在圣井山天瑞庵师傅金月岩处，潜心苦修达五年之久。数年中帮助师傅金月岩撰编的内丹典籍已经完成，其道学业已修毕。

十月，他为危太朴先生作了《秋山图》一幅。（有传，此图后有黄子久好友曹知白曾在其画上题曰："痴翁为危承旨作此，年过渭老，而目力了然，笔法古雅，大有荆关遗韵。仆之点染，不敢企及也。"供阅者参考。）

曹知白[1]还是擅北派山水画的画家，也是博学的藏书家，他一生儒雅，深受乡人敬爱。他比黄子久小三岁，对黄子久始终以兄相称。同时，以黄子久原祖籍为缘，二人可谓同乡故友。曹知白与黄子久、吴镇、王蒙、倪瓒之间交往很密切，许多次在黄子久的画作上题诗、写跋。

是年冬，黄子久辞别师傅金月岩及观中诸师兄弟，下了圣井山，回家乡虞山而去。

是年二月，大霖雨，京畿水，平地丈余。泾水溢，关中水灾。黄河大溢，河南水灾。两淮旱，民大饥。六月，宁宗之兄妥懽帖睦尔即位于上都，是为顺帝。十月，诏令改年号元统。

1334年（元·元统二年）六十六虚岁

是年，甲戌年。子久回到虞山。

回到家乡后，子久在虞山西麓边的小山南麓上〔常熟小山村民俗称虞山小山南边山头，为"南山"，山麓上黄公望茅庐下，有一洞穴，当地村民俗称为"老虎洞"，有泉溢出。1345年（元·至正五年），子久曾为张雨作《屋下清泉图》〕择年轻时经常观赏山水景色的那片山腰平台上，自筑了数间茅庐[2]，从此独居其中。

村上的人们发现，五年多未见的子久，回到阔别多年的家乡后，如变了一个人似的，换了秉性，居然不住家中，更再不与妻同处一室，人们猜不透其中的缘故。

---

　　[1]　曹知白，字又玄、贞素，号云西，松江（华亭）人，生于一二七二年，华亭富豪，北派山水画家。曹知白是至元三十一年（1294）间吴淞江开凿有功者。

　　[2]　小山南麓茅庐：明常熟知县钱达道，称其为"黄山人所"，为黄子久隐居处。见《商相村志》第224页。

人们不了解，黄子久在圣井山中学道近五年，修的是全真教南派道学。全真教南派道学的清规戒律是特别严禁门徒近女色的。黄子久严守这条戒律，从此拒住家中，直至身故。

清初常熟学者吴历，曾寻访黄子久小山旧居时，有诗《题黄子久虞山小筑》，曰："痴黄小筑傍溪湾，松径萧萧木叶斑。秋静绝无游屐到，一峰苍翠板桥间。"

小山，为虞山西部余脉。《康熙常熟县志》卷一《山志》描述小山："山形蜿蜒如龙势，欲西走北则，西南一面之大观也。顾山中之景，无时不佳，而惟春深尤艳，风柔日丽，柳媚花明，画舫朱楼，风帆酒帘，交相映带，惟是王孙公子、侠客歌姬、揽辔停舟、偎红倚翠。山径之间，逐队随行，摩肩接踵，其携壶挈盅者类多，席地慢天，狂歌浪饮，客不速而自至，人不醉以无还。亦有骚人逸客，长饮松下，间眺岩端，对景徘徊，挥毫吊古，一句一词，偏成清赏，盍山灵若以其奇丽示人，……往岁欲避人事借榻湖桥。黄山人所其居，倚山面湖，僻静寂历，杳无人踪，而奇花异草，含丹吐白，者布满阶前舍后。灵禽翠鸟啾鸣啸号之声，杂沓盈耳。余兴家季宪卿吾咿其间，凡数越月，展然愉快，……竹篱茅舍四面皆山，远近峰峦，如坠几席宛然故乡柴门风景……"

从上述记载中，可见小山当年景色非常秀丽，令人神往，黄子久当年在小山所隐之处，曾是那么僻静而幽深。

是年，黄子久在小山南麓茅舍中，静心梳理五年之所学。

二月，朝廷上下兴举学校，有帝诏："科举取士，国子监积分、膳学钱粮，儒人免役，悉依累朝旧制。学校官选有德行学问之人以充。"子久闻后，心中居然萌生了也要建立自己的传道据点，进行"传教济世"的念头。

是年仲春，黄子久到苏州，以净坚为号（王蒙《泉石闲斋图》后跋称，黄子久在苏州文德桥设三教堂时以净坚、大痴号是称），在文德桥畔择舍，开设了"三教堂"[1]，开始授徒布道。陈三恪在《海虞别乘·先贤》志中说黄子久"……复还吴中，筑三教堂，从游者甚多，多执弟子礼"。

黄子久在布道授徒中，不避男女，既传道学之徒，又带画学弟子，严格要求，倾心相教，吸引许多弟子投其门下。

在子久弟子中，有名李可道者，为子久所喜，谓亦徒亦友。李可道，又称李少翁，河南濮阳人，生卒不详，由元左司郎中，接授荆湖北道按察使。在高启的《凫藻集》记中有"吴华山有天池石壁，老子《枕中记》云：'其地可度难'，盖古灵也。元泰定间，大痴黄先生游而爱之，为图四五本，而池之名益著。此为其弟子李可道所画，尤得意者也。"[2]

子久弟子中有名马琬。马琬，字文璧，号鲁钝生、灌园，秦淮人，长期寓居松江府，生卒年不详。是杨维桢文学上的弟子，也是黄子久山水画弟子，元末明初画家。马琬曾于至正十年（1350）秋陪师傅黄子久、铁笛道人杨维桢一起游张堰、赤松溪，一起饮酒、吹笛。现存马琬作品有《乔岫幽居图》《秋林钓艇图》《春山清霁图》（藏于台北"故宫博物院"）、《暮云诗意图》（藏于上海博物馆）、《雪冈渡关图》（藏于故宫博物院）、《松壑观泉图轴》《春水楼船图轴》，册页《青山红杏图》（藏于天津市艺术博物馆）、《夏山欲雨图》（流藏于日本大阪市立美术馆）、《溪山行旅图》（流藏于美国高居翰先生景元斋）等。

有弟子名赵原。赵原，字善长，号丹林，莒城人（山东莒县人，又说是东平人），寓居苏州，生卒年不详。赵原善诗文书画。明洪武初，

---

[1] 三教堂：佛教、道教、儒教，为三教。
[2] 见子久《天池石壁图》题小引。

因奉诏入宫，但所作之画均不称旨，而被杀。

有弟子名唤陈汝言。陈汝言，字惟允，号秋水，临江人，生卒年不详。居吴县（苏州）。陈汝言能诗、善山水，与兄陈汝秩（字惟寅）齐名，人呼其二人为大髯小髯。

陆广，也是黄子久的好友兼弟子。陆广，字季弘，号天游生，生卒年不详，吴（苏州）人。能诗，工小楷，擅画山水，元代山水画家。陆广取法黄公望、王蒙，风格轻淡苍润，萧散有致，后人评其格调在曹知白、徐贲之间。

黄子久在苏州文德桥"三教堂"，亲自授徒，一时门徒若挤，亲自经营一年有余（子久除了在苏州文德桥设了"三教堂"开教授徒外，还在松江开设过传道授徒场所"筑仙关"）。

张中，字子政，松江人，亦为黄公望弟子，其生卒年及生平不详。

是年一月，诏令，立行宣政院于杭州。二月，诏令，内外兴举学校。三月，诏令："科举取士，国子监积分、膳学钱粮，儒人免役，悉依累朝旧制。学校官选有德行学问之人以充。"

是年六月，开元等路发生水、旱、蝗灾，发生饥荒，元廷发钞二万锭，遣官赈之。

是年八月，京师地震，鸡鸣山崩，陷为池，方百里，人死者甚众。

是年，韩奕出生。韩奕（1334—1406），字公望，号蒙庵，苏州人。元代诗人，存有《韩山人诗集》。

1335年（元·元统三年·至元元年）六十七虚岁

是年，乙亥年。子久暂时离开苏州，回到虞山，于小山南麓上那自筑的茅庐（亦称：黄山人所）中隐居作画。

某日得闲，子久突然想起，六年前在圣井山上，危素太朴先生曾以二十方珍贵宋纸相赠，并再三嘱自己为其作画之事。子久想到危太朴之情、之托，心中觉得对太朴先生有些歉疚。竟自述道："沉心构思，至于竟夕，未能数笔。偶以心事作恶，经月弃去，故淹滞六载。"郑元佑在《侨吴集》[1]卷三《黄公望山水》中这样描写子久道："姬虞山，黄大痴，鹑衣垢面白发垂。愤投南山或鼓袒，扬勇饥驱东阁，肯为儿女资。不惮北游行万里，归来画山复画水……"

为完成危太朴的嘱画请求，黄子久不辞辛苦，一年中相继完成了《柳市桃源》《春林列岫》《柳塘渔舸》《桃溪仙隐》《亭林萧散》《纯溪归棹》《春江花邬》《长林逸思》《秋江渔棹》《江深高阁》《霜枫归旅》《秋江帆影》《柳浪渔歌》《松坡晴嶂》《秋山深处》《枫林寒岫》《溪阁松声》《江山萧寺》《烟岚云树》《雪山旅思》计二十幅。对这二十幅画，黄子久自己认为："清而雅，秀而润，画法之妙，全得于（在外）游览之助。"不觉自鸣得意，等候危太朴来取。

是年末，杨维桢被再次起任为钱清场盐司令，从七品。

是年五月，遣使者诣曲阜孔子庙致祭。六月，中书右丞相、太师、奎章阁大学士伯颜杀密谋发动政变的中书左丞相腾吉斯，并杀皇后（燕铁木儿之女），独执朝政，使侄脱脱领宿卫。

是月，罢江淮财赋总管府所管杭州、平江、集庆三处提举司，以其事归有司。十一月，罢科举。伯颜、彻里帖木儿力主此议，参政许有壬力争，不听。以祖述世祖，改元，是为后至元。诏略曰："惟世祖皇帝，

---

[1]《侨吴集》，为元郑元祐晚年自撰集。共十二卷。因郑元祐侨居长洲（平江·苏州）多年，故名。全集分诗、文各六卷。明弘治九年（1496）张习重刊。

在位长久，天人协和，诸福咸至，祖述之意，良切朕怀。今特改元统三年为至元元年。"

是年，山东陈马骡、新李起事，旋败。

是年，河决汴梁封丘。

1336年（元·至元二年）六十八虚岁

是年，丙子年。子久于小山南麓上那自筑的茅庐中静心钻研道学，闲来作画或游行于山中。

有子久在诗中说：子久好友隐者清容先生曾多次造访子久的小山茅庐及西湖箬箕泉居处，向子久索画。是年某日，清容先生（袁桷）曾携纸，突访子久山居，求其画作。子久欣然应允。时遇吴镇[1]先生也在黄子久山居中访子久。二年后才得子久所赠《为清容长幅图》等画作（此事为今疑案）。

是年，宁波万寿寺火灾。是年五月，丙午朔，黄河复于故道。秦州山崩。六月，礼部侍郎呼勒岱请复科举取士之制，驳回。是月，敕赐上都孔子庙碑，载累朝尊崇之意。

是年，江浙旱，自春至于八月不雨，民大饥。

是年，高启出生。高启（1336—1373），字季迪，元末明初平江路（明改苏州府）长洲县（苏州）人。元末避难隐居吴淞青丘，自号青丘子。明洪武元年（1368），高启应召入朝，授翰林院编修，负责纂修

---

[1] 吴镇，字仲圭，号梅花道人、梅道人、梅花和尚、梅花庵主，嘉善人，生于1280年，比黄子久幼十一岁。吴镇善山水画，乃隐士文人，善诗文书画，也曾卖卜为业，是黄子久的忘年之友。系山水画"元四家"之一。其墓位于嘉善城区梅花庵园内。

《元史》。朝廷授其户部右侍郎，高启未接受。放归乡里，以教书为生。

1337年（元·至元三年）六十九虚岁

是年，丁丑年。子久在小山南麓山居中，除专心作画外，还常常外出访客，步游虞山、尚湖，饱览虞山、尚湖自然美景；或者携友登虞山，游尚湖，于虞山老石洞石室"冷泉山房书院"[1]读书休息；或与友手谈下棋，喝酒作画，生活洒脱，心境自然而轻松。

关于虞山老石洞石室，有元《至正重修琴川志》载：海虞山，石室凡十所，相传太公避纣居之。《孟子》：太公避纣，居东海之滨。常熟去海近。有《常昭合志》载：陆广微《吴地记》：山东二里有石室，太公吕望避纣之处，疑即此。旁有石洞，天将雨辄出云气。又西行二里许，有见海亭，即今望海墩，见《古迹志》。为全山最高处，五狼三沙历历可指。

虞山上历来有许多石洞、石室。如虞山桃源涧下有桃源洞，破龙涧中有珠砂洞，破山寺（现称兴福寺）西后冈上有连珠洞，北麓白龙祠后有水帘洞，水帘洞附近有白云洞，维摩岭上有羊棚洞，拂水岩东有藏军洞（亦称老虎洞），望海墩下有仙人洞，虞山西麓上的白云栖禅院有小石洞（露珠泉），小石洞西（右侧）约百步处还有老石洞，亦称"老虎洞"（冷泉）。

黄子久隐居在小山南麓，小山南麓与虞山西麓紧紧相连。从小山南麓上黄子久茅舍中出来，到位于虞山西麓上的小石洞和老石洞，

---

[1] 冷泉山房书院：遗迹位于虞山西麓下石室，俗称老石洞。古代曾为"冷泉书院"。

仅数百步之遥。而黄子久用于创作浅绛山水画所用的赭石，多采于小山南麓和虞山西麓小石洞、老石洞周边山中。因此，黄子久对虞山西麓上的小石洞和老石洞情有独钟，时常在此休息、读书、会友、作画。

虞山西麓有白云栖禅院，又称"小云栖寺"。小云栖寺前有石坊一座，坐落于白云栖禅院山门之外（今旧迹已毁，笔者年轻时常过石坊而至寺址）。寺内有一泉，名"冽泉洞"，俗称小石洞，在禅院北侧，上有千年古藤覆之，洞额有石刻，曰：露珠泉。有跋云：是泉在太虚泉左。据《古迹志》载：白云栖禅院，中有石洞，其左崖覆如屋，地平坦可坐十余人，右坎深丈余出泉，甚甘冽，名甘冽泉。陟形寒懔，俗呼为小石洞。……寺西别有一洞，向以老石洞名之。

老石洞，在小石洞右侧约百步处。历代常熟县志有载，老石洞，洞口原有题额"冷泉"二字。老石洞洞深数十米，有石级曲折而下。洞中无水，入洞须秉烛以行，前后数十步，凛若寒冬。《常昭合志》载，清代末期小山人季厚镕[1]曾在洞中题刻了"秉烛游"三字，至今仍清晰可见。当年，季厚镕在老石洞前建季家祠，还在老石洞前，构筑房屋数楹，建牌坊一座曰"古今三庙"[2]，以纪念巫咸、姜尚、虞仲。另外，季厚镕研究认为，历史上，虞山西麓这个"冷泉"（老石洞），曾有姜尚、虞仲、黄子久等在这洞中读书、生活、隐居过。

季厚镕对黄子久特别崇拜，他在老石洞内一室刻有"仙老此洞，痴大于黄"。老石洞又称石屋洞、石洞书院，曾是文人雅士聚集的地方。如今，原洞前的房屋虽早已毁掉了，但洞口右壁仍有其"陶翁醉

---

[1] 季厚镕，字子陶，别署，太公执钓竿人，虞山西麓邹巷人，清代学者。邹巷，原为小山村里署所在地。

[2] 有史料说"古今三庙"，亦可能是季厚镕为其先祖吴高士季札、汉孝子黄香，以及元画家黄子久三人之祠。见《常昭合志》。

题"石刻遗迹。

据邓琳的《虞乡志略》记载："大石洞，亦名老虎洞。今有季氏建家庙于上，刻石殆遍。黄崖，在小石洞西（右侧）数十步，上曰：大黄崖，下曰：小黄崖。相传黄公望隐其下，其后子姓聚居，俗呼黄家巷。"可见，小山黄氏与大（老）石洞、小石洞的渊源。

《常昭合志》载：旧《志》云"盖黄子久登石梁饮酒，即湖桥也。杨公或重建耳。其东塊有亭，相传为黄大痴酒亭，……沈石友《黄大痴酒亭歌》云：'是时天下已入明，臣素草履橐橐声'"。可见，湖桥也是黄子久时常去作画饮酒的地方。

子久在小山隐居的日子里，十分挂念当年在杭州西湖的那些朋友，也常怀念杭州西湖边自己的"大痴茅庐"。

是年，班惟志以奉议大夫任常熟知州兼劝农田尹。班惟志在常熟任上相识黄子久，多有交往，成为好友。班惟志曾为常熟祐圣道院撰写过碑记。祐圣道院，又名三官堂，原为宋乾道间（1165—1173）水军统制冯湛所建，最初建于浒浦镇，后因江潮侵袭，于嘉定丁丑年（1217）塌毁。至顺二年（1331）三月，道士席应珠、常熟徐市人徐立又重建于徐市镇，至元戊寅（1238）班惟志应邀作碑记。该道院后屡建屡毁，至今仅余古银杏四棵。

班惟志（约1280—约1355），字彦功，又字彦恭，号恕斋，大梁（开封）人，又说松江人，著名诗人、书法家、词曲家。历任阳州（溧阳）教授、浮梁州（鄱阳县）教授、晋州（河北晋县）州判、绍兴路总管府推官、秘书监典簿、常熟知州兼劝农田尹、江浙儒学提举司提举、集贤院待制。

是年，曹知白作设色纸本《山居图》立轴。有吴镇在图上题款："至元丁丑岁除夜漫兴。梅道人戏墨。"

是年正月，广州增城县民朱光卿反，其党石昆山、钟大明率众从之，伪称大金国，改元赤符。诏命指挥纽萨尔、江西行省左丞锡谤讨之。二月，诏发钞四十万锭，赈江浙等处饥民四十万户，开所在山场、河泊之禁，听民樵采。七月，朱光卿被俘杀，起义失败，是为元末民变的先声。八月，京师地大震，太庙梁柱裂，各室墙壁皆坏，压损仪物，文宗神主及御床尽碎；西湖寺神御殿壁仆，压损祭器。自是累震，至丁亥方止，所损人民甚众。是月，又河南地震。

1338年（元·至元四年）七十虚岁

是年，戊寅年。初春，子久离开家乡久居的小山南麓，又到杭州，居西湖筲箕泉茅庐中。

筲箕泉茅庐一别，已经十年有余，子久身份已为道家之人，想起前事，心中十分感慨，把"大痴草庐"移称为"大痴庵"。

仲春景丽，子久兴作《听泉图轴》。黄子久回到筲箕泉后，其好友陈存甫得知后，随即到西湖黄公望草庐拜访。

在大痴庵中，黄子久与陈存甫[1]畅论"生命之理"。子久曰："性由自悟，命假师傅。"陈存甫云："不然，性则由悟，不假师傅。命则从傅，必由理悟。"子久听后，服其论（见《辍耕录》）。

是年，黄子久次子德宏，亦携家人到达杭州，与子久同居筲箕泉大

---

[1] 陈存甫，字以仁，福建三山人，寓居杭州。据《录鬼簿》载，陈存甫是杭州人。

痴庵中[1]。

闲暇日，黄子久游富春江、入富春山，住山中净因院。子久看到净因院四周有竹林茂密，且净因院内有苏东坡《净因院竹轩》诗，心中兴奋，便作《题苏东坡竹》诗，曰："一片湘云湿未干，春风吹下玉琅玕。强扶残醉挥吟笔，帘帐萧萧翠雨寒。"

是年四月，清容先生再次来信催画。子久心中愧疚，觉得不宜再拖延，遂用两年前清容先生嘱画之纸作《为清容长幅》，并赋一律："入山眺奇壑，幽致探何穷，一水清岭外，千岩绮照中。萧深凌杂树，灿烂映丹枫，有客茅茨里，居然隐者风。"诗中回忆二年前清容来访小山之情景，诗赞清容先生之隐者形象。（有史料说，彼时清容已去世多年，此事件为今疑案。）

九月，张雨又造访大痴庵，子久颇为高兴，特作《秋山幽寂图轴》一幅，赠予张雨。其画面"云峰掩映，极气韵生动之致"。张雨是子久的好友，住在距筲箕湾黄子久大痴庵仅百步外的浴鹄湾黄篾楼，黄子久隐居杭州期间，与好友张雨过往密切，二人间来往频繁。

子久隐居地筲箕泉与张雨在赤山埠的水轩黄篾楼近在咫尺，张雨在

---

[1] 杭州《慧因高丽寺志》载："赤山之阴，有泉曰筲箕，元黄子久公望筑室其上，号大痴庵。其次子德宏同居其间。"清代翟灏的《湖山便览》卷四《南山路·筲箕泉》记载："筲箕泉，出赤山之阴，流合于惠因涧。"杨维桢说子久是"天资孤高，少有大节，试吏勿遂，归隐西湖筲箕泉"。明代张丑的《清河书画舫》记载，黄子久当年还画有《筲箕泉图》。

明代末姜绍书的《无声诗史》记载："大痴道人，隐于杭州筲箕泉。"虞山《黄氏五集》载："是年，子久次子德宏到杭州，与子久同居筲箕泉大痴庵中。"

湖北黄州、新洲《黄氏宗谱》《黄州简史》等亦载：子久次子黄德宏与子久同居于筲箕泉大痴庵中，以庵为家。

《筲箕吟书黄山人屋壁》诗中，有描述道："石为箕，不可簸。扬箕盛水瓢饮足，滥觞一漱一咽洗。髓肠载，援斗柄，天浆半夜箕犯月。大风刮地我欲狂，起骑箕尾跨石梁。长啸应答惊下方，张星醉降黄姑房。哆然大笑箕口张，水流月明天苍苍。"

张雨，又称张泽之，字嗣真、伯雨、天雨，号贞居子、又号句曲外史，晚号茅山道人，钱塘（杭州）人。是元代文学家、藏书家、书法家、道士。张雨生于一二八三年，比黄公望小十四岁，与黄公望可谓道友加忘年之交，多次到过虞山。张雨善诗文、书法，且长期隐居杭州西湖南赤山埠浴鹄湾黄篾楼，并与黄公望的筲箕泉大痴庵为邻，其间相距百步之遥。故与黄公望切磋书画诗文，互伴左右，交往颇密，黄公望为老师赵孟頫的《快雪时晴帖》所配作的画，也题写有张雨的文字。晚年，张雨居于三茅观修玄史，记历代道家高士。

当月，黄子久又逢阔别十年的武林友人范居中[1]来访筲箕泉大痴庵。黄子久曾在入道前与范居中在杭州相识，且过往密切。至元戊寅（1338）秋日，范子正与黄子久二人阔别十余年后在大痴庵相逢，见之，不禁悲喜交集。黄子久当即为范居中作《赠别图》，以表相贻之情。

有画史说：是月，还有松江籍好友任仁发及其兄致道观主持无尘真人来筲箕泉草庐中访黄子久，相约一起回到松江。（亦为今疑案）

十一月，黄子久与无尘真人等诸友回到常熟虞山，在虞山西麓致道观（元代，虞山道家观庵）中借宿。在致道观内，有黄子久好友、居

---

[1] 范居中，字子正，号冰壶，武林（杭州）人，生卒年不详，是黄子久晚年好友。范居中学问渊博，工笔札，但不遇于时，故有才而不得志。

士阿里西瑛[1]的居室"懒云窝"。在致道观居住的日子里，黄子久与朋友们上山入园，成日游览虞山风光，或手谈（下棋）或作画。二旬后归小山。临别时，黄子久将近日所作几幅画，赠予观内主持，子久对主持说，奉上数幅拙绘，权作十数日在观中讨扰和宿餐之资。还将所作《山居图》（又称赠别图）赠予朋友。送走了朋友后，黄子久离开致道观，回到小山。

此后，黄子久在小山南麓茅庐中继续隐居读书、作画，闲时游览虞山、尚湖。

是年春，诏修曲阜孔子庙。

是年三月，诏命中书平章政事阿吉剌根据《大元通制》编定条格，于至正六年四月颁行。其中包括诏制150条、条格1700条、断例1059条。是月，诏命中书平章政事昂吉尔监修《至正条格》。四月，诏以御史中丞托克托为御史大夫。托克托，满济勒噶台之子也，早为文宗所器，曰："此子可大用。至是掌风宪，大振纲纪，中外肃然。"

是年，袁州（江西宜春）慈化寺僧彭莹玉之徒周子旺起义，称周王，改年号，旋被捕杀。彭莹玉避往淮西，继续活动。漳州路南胜县民李志甫起义，围漳州城。棒胡败死。

是年，山东、河南、徐州十五州县河决。奉圣州（河北涿鹿）、宣德府（宣化）相继地大震，京师亦震。巩昌府山崩。

[1] 阿里西瑛，字西瑛，又称"和西瑛"，西域回族人，工散曲，善吹笙篥。迁居苏州，生卒年不详，工散曲，居号"懒云窝"。据传阿里西瑛其躯干魁伟，善吹笙篥，能散曲，交友广，原居吴城娄东（太仓），后在常熟虞山南麓的致道观中辟"懒云窝"为居。"懒云窝"，是黄子久常去的雅聚之所。

第八章　古稀之年

七十一虚岁至八十虚岁

1339 年（元·至元五年）七十一虚岁

是年，己卯年。子久隐于家乡小山。闲时，子久仍以古稀之躯来往于虞山、松江、昆山、苏州、吴江等地之间。

至此，黄子久于绘事已四十年，每闲时子久想起"余绘事至此已四十年，每问水寻山，探奇历胜，触景会心，觉笔端生意勃勃，然尚感有所未逮"乃作《仿古二十幅》[1]。

是年二月，集贤大学士致仕陈颢卒。颢出入禁闼数十年，乐谈人善，荐牍累数百。有讦之者，颢曰："吾宁以缪举受罚，蔽贤诚所不忍。"士大夫因其荐拔以至通显，有终身莫知所自者。追封蓟国公，谥文忠。

是年六月，长汀大水，没民庐八百家，赈恤之。七月，常州宜兴山水出，势高二丈，坏民庐。

是年，重申汉人、南人不得执军器、弓箭的禁令。禁倡优盛服，许男裹青巾，女穿紫衣，不许戴笠、骑马。

1340 年（元·至元六年）七十二虚岁

是年，庚辰年。子久仍隐于家乡小山南麓。此间，子久断断续续作《仿古二十幅》。亦拾闲云游，来往于虞山周边山水之间。

是年二月，黜中书大丞相巴延为河南行省左丞相。诏曰："朕践位

---

[1]《仿古二十幅》：是黄子久临作的《仿黄筌春林图》《仿巨然》《仿赵干》《仿李思训》《仿王晋卿》《仿王摩诘松岩夕照》《仿项容》《仿李昭道》《仿关同秋山图》《仿洪谷子》《仿王示元》《仿董源》《仿范宽》《仿卢鸿》《仿郭熙早年笔》《仿赵大年》《仿米元章》《仿米元晖》《仿李成雪山行旅》《仿杨升》，仿古二十幅。

以来，命巴延为太师、秦王、大丞相，而巴延不能安分，专权自恣，欺朕年幼，轻视太皇太后及朕弟雅克特古斯，变乱祖宗成宪，虐害天下。加以极刑，允合舆论。朕念先朝之故，尚存悯恤，今出为河南行省左丞相。所有元领诸卫亲军并集赛丹人等，诏书到时，即许散还本卫。"

是年五月，庆元奉化州山崩，水涌出平地，溺死人甚众。六月，处州松阳、龙泉二县积雨，水涨入城中，深丈余，溺死者五百余人。遂昌县尤甚，平地二丈余。桃源乡山崩，压死者三百六十余。七月，诏命翰林学士承旨腆哈、奎章阁学士库库等删修《大元通制》。是月，以星文示异，地道失宁，蝗旱相仍，顺帝颁罪己诏于天下。是月，命翰林学士承旨腆哈、奎章阁学士库库等删修《大元通制》。九月，加封汉张飞"武义忠显英烈灵惠助顺王"。是月，诏："今后有罪者，毋籍其妻女以配人。"十月，河南府宜阳等县大水，漂没民庐，溺死者众，人给殡葬钞一锭，仍赈义仓粮两月。十二月，诏复行科举。国子监积分生员，三年一次，依科举入会试，中者取一十八人。

1341年（元·至正元年）七十三虚岁

是年，辛巳年。子久仍隐于家乡小山南麓。子久惜春，常出游。访友会客，是他生活中常事，江南山水之间，布满他的足迹。

子久的好友杨维桢曾在《题山居图》诗中评价子久说："井西道人七十三，犹能远景写江南。筲箕屋下非工锻，自是嵇公七不堪。"

三月，子久又到玉山（昆山）访友，客居在好友顾善夫处。其间，他为玉山顾善夫作《为顾善夫八幅》。

春夏之间，子久兴起，携友乘舟，逆江水而行，游长江，经黄州（为黄州王太守"雪堂"中上座之宾），到武昌，作《江夏待渡图》。

并登高，观大江之概胜，子久曾向友许诺：日后会将观大江概胜绘之以赠。

武汉《黄氏宗谱》有述："公望公自称大痴道人，隐居不仕。性豪迈，旷达不羁，长于诗律，工书法。间以其绪余溢为丹青，落笔迥出人意表，好游名山大川，遇佳境概无不玩赏留题。太守王公赏宴宾客于雪堂，公居上坐。酒酣，公兴会淋漓，随意挥洒，因题一绝于其上，众皆赞赏太守方之郑虔三绝焉……"[1]

是年七月既望（十六日），子久又到杭州，于青莲方丈处作《山水图》，赠故友王若水[2]，并题："喜怒何烦逐四三，燕台拂袖下江南，富春山水终嘉遁，岂是先生政不堪。知公且到钱塘路，坐向楼台卧向船。苕花一湖水，楼台钟鼓万峰烟。"且加跋以志岁月。

八月，子久回到苏州。是月十九日，子久跋《兰亭旧刻》。

十月四日，子久为倪云林作《层峦晓色图》。倪云林在《层峦晓色图》上加题"上溪山，也自佳，黄翁摹写慰幽怀。若为胜载乌程酒，直到云林叩野斋"诗，赠卢士恒。是图画法潇洒，诗句清雅，足称双璧。

倪云林亦经常到常熟访友，每至必访子久，同游虞山。其诗《过虞山》："陈蕃悬榻处，徐孺过门时。甘洌言游井，荒凉虞仲祠。看云聊弄翰，把酒更题诗。此日交欢意，依依去后思。"就是倪云林游虞山时的作品。

是月，子久又为友性之作《天池石壁图》[3]。画中下部"点缀野屋，

---

[1] 见《楚黄黄氏宗谱》之"神主公原传"。此为新见，存疑。

[2] 王若水，名渊，号澹轩，一号虎林逸士，杭州人，幼习丹青，经赵孟頫指授画法，元代画家。

[3]《天池石壁图》所指天池山，即为苏州木渎天池山，风景秀丽，又称华顶天池山，山中有池，山顶有状似莲花巨石自然成峰。

右依石壁，下绕曲栏，上悬飞瀑。上部危峰中立，杉林中微露梵宇，旁植旗杆。通幅布景茂密，几无隙地，用笔清刚，力透纸背"。

是年，子久为义兄文敏（未详，或为曹知白）又作《天池石壁图》。图现"山峰顿笔直皴，峭耸陡立，有巨灵凿山之势，左下大松三株，松针细别，飘飘拂拂"。

是岁，危太朴[1]游虞山，到致道观观七桧，涉桃源，泛尚湖，造子久山居。危太朴见去年子久始作的《仿古二十幅》已完成过半。

至正初年始到至正中期（约至正十五年）之间，常熟县筑土城垣，建水陆城门十一座，知府主德刚筑华荡圩。开耿泾港、四叉河，筑堤五十余里。

至正年间（1341—1368），邑人建葛墅桥（小义镇古桥）。邑人在九里建崇福禅院。

是年正月，元顺帝起用脱脱当政，改元"至正"。三月，汴梁地震。六月，扬州路崇明、通、泰等州，海潮涌溢，溺死一千六百余人，赈钞万一千八百余锭。十二月，道州（湖南道县）蒋丙等起义，破江华等县，何仁甫等响应，瑶人也乘之而起。是月，山东大饥，燕南抗旱，饥民反抗达三百多起。时国子监有蒙、回、汉生员千余，每人日食钞五两，不务实学，流行嫚侮嘲谑之风，入茶酒店，饮罢常不付钱而去。是月，诏："民年八十以上，蒙古人赐缯帛二表里，其余州县，旌以高年著德之名，免其家杂役。"

是年，陈澔逝世。陈澔（1260—1341），字可大，号云住，人称经归先生。南康路都昌县（江西都昌）人，宋末元初著名理学家、教育家。

---

[1] 危太朴（1303—1372），即危素，字太朴，号云林，江西金溪人，元末明初历史学家、文学家。至正元年出任经筵检讨，主编宋、辽、金三部历史，并注释《尔雅》。

出身教育世家，江州义门陈氏后裔（南桥庄），祖辈世代注疏经书，留有许多名著。祖父讳炳，淳祐四年（1224）进士，主要从事《礼》的研究。父讳大猷，为饶鲁门人，开庆元年（1259）进士，曾为从政郎，黄州军判官，一代名儒，著有《尚书集传会通》，尤其对《礼》的研究有独到处。父祖两代均好《礼》，对澔公一生从事《礼》的研究，有很大影响。

1342年（元·至正二年）七十四虚岁

是年，壬午年。子久在小山南麓茅庐中作画。择闲四游至虞山双桂轩[1]。又着兴云游至虞山周边的云间（松江）、长洲（苏州）、吴江等处访友。心情愉悦，生活闲散轻松。

二月，子久于虞山双桂轩作《山水二十帧》。感觉这些作品"境趣高古，景致深邃，结构缜密，笔法简略，山石酷类巨然，神韵极肖右丞"。三月，子久又作《溪山无尽图卷》。

六月，子久到云间（今金山张堰）寓于玄真道院，读象山先生《玉芝歌》后，作《芝兰室图》并铭，此图"笔法苍润，墨气淋漓，所作乱山杂树，瀑水悬崖，山楼幽居，各得其妙"。

是月，子久又作《夏山图》，极力追忆董源笔意，想象其源流。后来，子久得知董源之《夏山图》为王蒙收藏，又自叹年老目力昏花，不能复作。

七月，子久在苏州作《秋林烟霭图卷》。又写沧浪景，画现"墨云忽散，青天影疏，叶飞片片，卷浪花舞，鸿飞冥冥，渔棹归来"。

---

[1] 双桂轩。元时，为原虞山东麓下南坡石梅西处景筑。到清代同治年间，翁心存将其名移于居处第五进东厢，仍称双桂轩。

九月既望（十六日），子久于江上亭（在吴江松陵镇），以赭石为色，作《浅绛山水图》，图上端见"孤峰高耸，危崖四出。下端溪亭隔水，屋舍依山，林木桥梁，安顿得法，而奇在钩勒平直，皴处无多，弥见古厚"。

虞山西麓和小山南麓围边，赭石随处可见。黄子久洒脱而聪颖，作画时他常常拾用山中赭石为颜料，以浅赭色，渲染画面及山石，辅以墨赭复勾，突现山石神韵。画人、画树也是如此，长此以往，形成了他独特的山水画风格。浅绛山水画法即为他所创。

赭石是一种赭红色石头，属氧化类矿物刚玉族赤铁矿，为虞山西麓、小山的天然特产，黄公望生前隐居地小山南麓的赭石，犹多于虞山其他地域。赭石的主要矿物成分是三氧化二铁。通常赭石用途有二，一是中药，用作平肝息风之药。另一种是当作颜料。国画中的赭石色，就是采用赭石加工而成的天然矿物颜色。以虞山赭石天然颜料的特性为原料，经过精心雕刻，成为美观实用的赭石砚[1]，用作绘画颜料和工具，这是黄子久生前的发明。

黄子久生前用过的以虞山小山赭石制成的赭石砚，现珍藏于台北"故宫博物院"。现虞山西麓黄子久纪念馆内，有"黄子久赭石砚"的照片。虞山赭石砚制作大师宗洪兴先生，仿原件的尺寸式样，又制作了"黄子久赭石砚"仿制品，现收藏于虞山西麓黄公望纪念馆内。

虞山赭石砚的出名，始于清末。清末书画大师吴昌硕，曾与沈石友一起，承黄公望浅绛画法。沈石友还以赭石砚赠吴昌硕。吴昌硕作画用赭色时，就拿出赭石砚，用牛皮胶代替墨渗水研磨，赭色散出，便可涂抹，得心应手，虞山赭石砚由此声名大振。

---

[1] "赭石砚"以虞山赭石制成。目前已成为到过常熟虞山西麓、参观过黄子久纪念馆的游客们的一种珍贵的收藏品或纪念品。

常熟虞山赭石砚，是中国名砚之一。《中国砚石别名资料》称虞山赭石砚："砚石产于常熟虞山西麓黄公望墓一带，块石分布在山腰和山麓，大如磨盘，小如拳头。现今这种砚石已开挖殆尽，很难再觅。赭石砚磨出的墨最宜书写楹联，联上的黑字对着日光，有隐隐的红晕泛出，是为所谓的'中国黑'。画家黄公望首创的'浅绛红'正是取材自小山赭石。清末民初的书画家吴昌硕，对此砚台奉若至宝。相传，吴昌硕有一次作画时想用赭色而不得，急中生智，就取虞山赭石砚，'用牛皮胶代墨和水研之，赭色便出'。吴昌硕干脆把虞山砚一物两用了：写字时磨墨，作画时研色。"

十月七日，黄子久游玉山时，终于完成了历时一年零七个月的《山水图》一幅。子久在图上题曰：试桂香墨，为之题记云："……书，心画也。画，心华也。苟不惬意，徒兀兀搦管终日，而一无所得。以故予之作画也，稍有恶障萦心，遂弃去，若此册，悉于闲中所作，亦不敢谓为得意，然孰视之，颇有生色。善夫知我，当矜其短。而采其所长……"

十二月二十一日，子久回到小山南麓。恰遇王蒙持倪瓒《春林远岫图》来见，并示纸嘱画。子久再逢老友，异常兴奋，也作《春林远岫》小幅，并随之题跋道："春林远岫云林画，意态萧然物外情。老眼堪怜似张籍，看花玄圃欠分明。"子久自叹"老眼昏甚，手不应心"。

1343年（元·至正三年）七十五虚岁

是年，癸未年。子久仍居于小山，并来往云游于吴门周边宜兴、太湖及梁溪（无锡）华氏水云阁等各地画友处。当年秋，子久于小山山居中又会见来访好友危太朴。

春，黄子久在山上作《浮峦暖翠图》，画现"山峦参差，飞瀑悬空，涧水曲折，树木掩映，老人策杖，童子抱琴，丰神高远。全图钩勒沉着，皴擦分明，树染浓青，山烘浅绛"。

二月七日，黄子久又在《浮峦暖翠图》题道："……晋唐两宋名人遗笔，虽有巨细精粗之不同，而妙思精心，各成极致。余见之不忍释手，迫寝食，间有临摹必再始已，此学问之吃紧也。……非景物不足以发胸襟，非遗笔不足以成规范，是二者，未始不相须也。余所作二十幅，模仿固多，而尤得于景物之助，观者尚谓老人不能自用，而徒仿古求工，则又非能知老人者矣……"

于年中，黄子久从七十一岁开始所作的《仿古二十幅》，已历时五年，相继完成，为《仿黄筌春林图》《仿巨然》《仿赵干》《仿李思训》《仿王晋卿》《仿王摩诘松岩夕照》《仿项容》《仿李昭道》《仿关同秋山图》《仿洪谷子》《仿王示元》《仿董源》《仿范宽》《仿卢鸿》《仿郭熙早年笔》《仿赵大年》《仿米元章》《仿米元晖》《仿李成雪山行旅》《仿杨升》，共二十幅。

七月六日，黄子久于山居中又作《层峦叠嶂图》。

八月三日，危太朴又造访黄子久小山山居，见到黄子久的《仿古二十幅》已完成。太朴在"阅之摩挲"许久后，问黄子久："写此册将自为珍乎？将为赠友以播传乎？"黄子久回答说："君爱之，当以相赠。"危太朴甚喜不已地说："异日当有厚报。"子久闻后，勃然："君何以货利辈视我乎，我非货利人也。"危太朴感叹："子久不独画法精绝，高出古人，且这一段深情，也为时人所勿有。"当日，夕阳西下时，危太朴得《仿古二十幅》归。回到家后，再看《仿古二十幅》时，兴奋得不能自已，即"书跋其后，以不忘盛意"。

十月二十六日，黄子久云游至梁溪（无锡），在梁溪华氏水云阁，作《山村暮霭图》，墨写"坡陀沙脚，野岸空林，远近村居，白云郁，暮色苍茫"之景。

年末，黄子久还又作《山水图》。

是年，黄子久的忘年朋友柯九思[1]作纸本《行书七言诗帖·镜心》。柯九思比黄子久幼二十一岁，柯九思也是黄子久山居中的常客，对黄子久很敬仰并受其影响，柯九思在元代的画竹大家中风格独特，自成一派。

　　柯九思博学能诗文，擅书，四体八法俱能起雅去俗。素有诗、书、画三绝之称。他的绘画以"神似"著称，擅画竹，并受赵孟頫影响，主张以书入画，曾自云："写干用篆法，枝用草书法，写叶用八分，或用鲁公撇笔法，木石用折钗股、屋漏痕之遗意。"柯九思多藏魏晋人书法，如晋人书《曹娥诗》，也有部分宋人的精品，如苏轼《天际乌云帖》、黄庭坚《动静帖》等，经他鉴定的书画名迹流传至今者颇多。

　　柯九思的书法于欧阳询笔法之外融入魏晋人之韵，结体严整，字体恬和雅逸，雄厚重中见挺拔之秀气，深受赵孟頫推崇尚晋人书法观的影响。清人王文治曾评价说："丹邱书体仿效率更父子，力求劲拔，乃一望而知为元人书，时代为也。"行楷是柯九思所长，他的存世书迹有《老人星赋》《读诛蚊赋诗》《重题兰亭独孤本》等。

　　是年，王渊[2]作水墨纸本立轴《安喜图》。王渊的传世作品主要是立轴，画于至正三年的《花竹禽鸟图轴》（现藏在山西省博物馆）、至正四年的《竹石集禽图轴》（现藏上海博物馆）、《桃竹锦鸡图轴》（现藏北京故宫博物院），以及《秋山行旅图轴》现藏在台北"故宫博物院"，手卷以《牡丹图》为佳，现藏北京故宫博物院。其生平事迹可

---

　　[1]　柯九思（1290—1343），字敬仲，号丹丘、丹丘生、五云阁吏，台州仙居（浙江仙居）人。其父柯谦，曾任翰林国史检阅、江浙儒学提举，是元朝仙居较为显扬的一个官宦。大德元年（1297），随父迁居钱塘（杭州）。

　　[2]　王渊，黄子久友，字若水，号澹轩，一号虎林逸士，钱塘（杭州）人，元代画家。他工于花鸟、人物、山水。天历年间曾与唐棣在南京龙翔寺曾画过壁画，尤精于花鸟，是"元代绝艺花鸟画家"，堪称元代花鸟画巨擘。

见陶宗仪《辍耕录》等。

是年三月，《宋史》修成，十月"镂版讫功"。

1344年（元·至正四年）七十六虚岁

是年，甲申年。子久仍居虞山小山，并常云游来往于吴门周边各地朋友处。

二月十八日，黄子久又出游到梁溪华氏水云阁，又作《复为危太朴画》。画中现"峰峦叠嶂，笔势争雄"。好友吴镇评题曰："……如老将用兵，不立队伍，而颐指气使，无不如意。……诚吾侪畏友也。"

是年春，黄子久云游至玉山（昆山），在玉山遇张雨（泽之），为张雨的"归句曲"作《云壑幽居》图。

黄子久春游至苏州，在友人姚子章处，见到唐人王维[1]的《捕鱼》《雪溪》二图，在张叔厚（张渥，字叔厚，号贞期生、江海客等）处，还见到杨升的《蓬莱飞雪》图，深感古人命意用笔，殊非草草。而回视昔日自己所作"皆儿稚事矣"。后来，黄子久每逢危太朴以佳素索画时，子久均学王维、杨升的笔法，加以创作。并曾作《为危太朴画》。

七月是秋，黄子久又游至玉山（昆山），巧逢友顾善夫[2]自京师归宦，构舍于玉峰山下。子久与顾善夫"促膝盘旋，竟夕而返"，在交谈时，子久兴作《处境图》赠予顾善夫。

八月二十九日，黄子久又到松江。其好友伯新将子久留居云间（华亭），并将其三四年内所画的《溪山小景》，给子久观赏。因二人意趣

---

[1] 王维（701—761），字摩诘，号摩诘居士。河东蒲州（山西永济）人，祖籍山西祁县。唐朝诗人、画家。开创水墨山水画派，为盛唐山水诗派代表。

[2] 顾信，字善夫，晚号乐善处士。昆山人，浙江军器提举官，官至杭州军器同提举，后辞归奉母。长书法善笔札，尝从赵孟頫游，得其书翰，持归刻石置亭下，篇名"墨妙"。

颇合，子久挥毫为之题跋。

十月二十八日，黄子久在唐代宰相、画家阎立本[1]的《洪崖仙图》上题跋。黄子久忆起，数年前寓居平江光孝时，用陆明本佳纸二幅和大陀石研郭忠厚墨，所作的《溪山雨意图》笔法苍润，墨气浑成，但未必已为好事者取去。

十一月，黄子久的《溪山雨意图》为世长所得，子久见了，又为之题识（三十年后的一三七四年，倪瓒于此画后加跋赞云："黄翁子久虽不能梦见房山、鸥波，要亦非近世画手可及。此卷……"）。

是年，黄子久在松江为陶宗仪[2]作《南村草堂图》和《秋山无尽图》。

在《秋山无尽图》开卷，以"乱石纵横，孤峰突起，楼阁矗于山腰，村落隐于山麓，桥梁沙碛，乔木平林，相互映带。中幅村居迤逦，峻岭崇山"。后幅"栏杆曲折上著方亭，山半红叶青松，丛杂耀目"。可谓满纸淋漓，任笔挥洒。

陶宗仪比黄子久小四十七岁，是黄的好友。其所著《辍耕录》有"杭州赤山之阴，曰筲箕泉，黄大痴尝结庐处"之载。可见他对黄子久的情况是比较熟悉的，黄子久曾为陶宗仪作过《南村草堂图》等画，可见二人关系甚密。

是年，黄子久友吴镇作立轴《松风飞泉图》。有款识："远山含翠

---

[1] 阎立本（601—673），雍州万年（西安临潼）人。唐朝时期宰相、画家，隋朝殿内少监阎毗之子。擅长工艺，富于巧思，工篆隶书，对绘画、建筑都很擅长。

[2] 陶宗仪，字九成，号南村，浙江黄岩人，生于一三一六年。父陶煜（1286—1358），字明元，号赵奥山人，又号白云漫史。陶宗仪早年随父宦游西州。元末时其进士不第，遂隐于松江泗泾，筑草堂于泗泾南村，自隔绝尘世，惟耕读谈艺论道，是元末明初著名的高逸之士，也是著名的文学家。

树苍苍，六月松风洒面凉。坐觉已忘尘世虑，飞泉时引紫芝香。至正甲申夏日，梅花道人戏墨。"吴镇，字仲圭，号梅花道人、梅道人、梅花和尚、梅花庵主，嘉兴人，隐士文人，善诗文书画，也曾卖卜为业，1280年生，比黄子久幼十一岁。吴镇善山水画，山水画"元四家"之一，也是黄子久的忘年之友，也是黄子久小山仙居中之客。

是年，杨维桢[1]上《正统辨》，凡二千六百余言。陶宗仪《南村辍耕录》卷三："初，会稽杨维桢尝进《正统辨》，可谓一洗天下纷纭之论，公万世而为心者也。"

杨维桢亦常往来于豪门之间，和倪瓒、顾阿瑛等江南巨富交往也很密切，同时结交了一批著名书画家，黄子久便是其中之一。杨维桢生于一二九六年（元贞二年），比黄子久小二十七岁，与黄子久是忘年之交。杨维桢喜与黄子久结交，且与黄子久一样欢喜吹铁笛，故人称铁笛先生。杨维桢长居于松江华亭，与黄子久交往频繁。据杨维桢在《东维子文集》中记载，二人曾"扁舟东西泖间，或乘兴涉海，抵小金山"，黄子久取出小铁笛，让杨维桢吹奏洞庭曲，子久则以歌和之，可见他们志趣相投。在杨维桢《东维子文集》中有《次韵黄大痴艳体》诗一首："千枝烛树玉青葱，绿纱照人江雾空。银甲辟弦斜雁柱，薰花扑被热鸳笼。仙人掌重初承露，燕子腰轻欲受风。閒写恼公诗已就，花房自捣守宫红。"诗意说明，二人交情非同一般。黄子久曾多次将杨维桢所居的铁崖山入画，并赠画予杨维桢，可见二人忘年之交的感情颇深。

---

[1] 杨维桢，字廉夫，号铁崖，晚号东维子，善诗文、书法，行草清劲，浙江绍兴人。杨维桢是泰定四年（1327）进士，初授天台县尹。至正初卸杭州四务提举，转任建德路推官，升江西儒学提举，后因避兵未赴任上，居吴中，转又长期隐于华亭（松江）。是元代江浙著名的文人。见《绍兴府志》。

是年，黄河泛滥，曹、濮、济、兖等地皆被灾。

是年，淮河流域发生旱灾、蝗灾、瘟疫，民不聊生。

是年，朱元璋揭竿而起。

1345年（元·至正五年）七十七虚岁

是年，乙酉年。黄子久仍居虞山小山南麓，继续云游来往于吴门周边各地画友处。

三月十二日，黄公望跋赵孟頫《临黄庭经卷》。

六月二十日，子久于小山茅庐中手书《画理册》（即《写山水诀》）。

子久《写山水诀》："近代作画。多宗董源李成二家。笔法树石。各不相似。学者当尽心焉。树要四面俱有干与枝。盖取其圆润。树要有身分、画家谓之纽子。要折搭得中。树身各要有发生。树要偃仰稀密相间。有叶树枝软。面后皆有仰枝。画石之法。先从淡墨起。可改可救。渐用浓墨者为上。石无十步真。石看三面。用方圆之法。须方多圆少。董源坡脚下多有碎石。乃画建康山势。董石谓之麻皮皴。坡脚先向笔画边皴起。然后用淡墨破其深凹处。着色不离乎此。石着色要重。董源小山石。谓之矾头。山中有云气。此皆金陵山景。皴法要渗软。下有沙地。用淡墨扫。屈曲为之。再用淡墨破。山论三远。从下相连不断。谓之平远。从近隔开相对。谓之阔远。从山外远景。谓之高远。山水中用笔法。谓之筋骨相连。有笔有墨之分。用描处糊突其笔。谓之有墨。水笔不动描法。谓之有笔。此画家紧要处。山石树木皆用此。大概树要填空。小树大树。一偃一仰。向背浓淡。各不可犯。繁处间疏处。须要得中。若画得纯熟。自然笔法出现。画石之妙。用藤黄水浸入墨笔。自然润色。不可用多。多则要滞笔。间用螺青入墨亦妙。吴妆容易入眼。便墨士气。皮袋中置描笔在内。或于好景处。见树有怪异。便当模写记之。分外有发生之意。登楼望空阔处气韵。看云采。即是山头景物。李成郭熙。皆用此法。郭熙画石如云。古人云。天开园画者是也。山水中惟水口最难画。远水无痕。远人无目。水出高源。自上而下。切不可断脉。要取活流之源。山头要折搭转换。山脉皆顺。此活法也。众峰如相揖逊。万树相从。如大军领卒。森然有不可犯之色。此写真山之形也。山坡中可以置屋舍。水中可置小艇。从此有生气。山腰用云气。见得山势高不可测。画石之法。最要形象不恶。石有三面。或在上。在左侧。皆可为面。临笔之际。殆要取用。山下有水潭谓之濑。画此甚存生意。四边用树簇之。画一窠一石。当逸墨撇脱。有士人家风。才多便入画工之流矣。或画山水一幅。先立题目。然后着笔。若无题目。便不成画。更要记春夏秋冬景色。春则万物发生。夏则树木繁冗。秋则万象肃杀。冬则烟云黯淡。天色模糊。能画此者为上矣。李成画坡脚。须要数层。取其湿厚。米元章论李光丞有后代儿孙昌盛。果出为官者最多。画亦有风水存焉。松树不见根。喻君子在野。杂树喻小人峥嵘之意。夏山欲雨。要带水笔。山上有石。小块堆其上。谓之矾头。用水笔晕开。加淡螺青。又是一般秀润。画不过意思而已。冬景借地为雪。要薄粉晕山头。山水之法。在乎临机应变。先记皴法。不杂布置。远近相映。大概与写字一般。以熟为妙。纸上难画。绢上矾了好着笔。好用颜色。易入眼。先命题目。此谓之上品。古人作画。胸次宽阔。布景自然合古人意趣。画法尽矣。好绢用水喷湿。石上槌眼匾。然后上帧子。矾法春秋胶矾停。夏日胶多矾少。冬天矾多胶少。着色螺青拂石上。藤黄入墨。画树甚色润好看。作画只是个理字最紧要。吴融诗云：良工善得丹青理。作画用墨最难。但先用淡墨积。至可观处。然后用焦墨浓墨。分出畦径远近。故在生纸上有许多滋润处。李成惜墨如金是也。作画大要，去邪甜俗赖四个字。"

子久《论画山水》："山水之作，昉自汉唐，古笔遗墨，不复多见。米南宫评品称董北苑无半点李成、范宽俗气，一片江南景也。厥后僧巨然、陆道士皆宗其法，陆笔罕见，然笔往往有之，亦有逼于董者。其有学于然者曰：'江贯道用墨轻淡匀洁，林木树叶，排列珠琲，宋人亦珍之，视然则大有径庭矣。'作山水者，必以董为师法，如吟诗之学杜也。"

明代邑人陈三恪在《海虞别乘·先贤》志中，有载述陶宗仪《辍耕录》对子久的评价曰："黄子久散人公望，又号一峰，……颖悟明敏，博学强记。画山水，宗董巨，自成一家，可入逸品。所作《写山水诀》，亦有理致。迩来初学小生多效之，但未有得其仿佛者。"

八月一日，黄子久登虞山望海亭（有遗址现称望海墩）作《虞山览胜图》。

秋日间，黄子久坐小楫到玉山，游玉峰，来往于吴门、松陵之间。黄子久于舟中所见：青山如屏，白水似练，人家隐见，林木扶疏的吴门秋色风光，感到无处不可爱，亦无处不可画。

九月二十日，子久为老师赵孟頫生前所书赠的《快雪时晴帖》配图，作"水墨雪景山水"即《快雪时晴图》，图中山坳中以朱砂绘旭日旁衬红霞，有黄溍为之加跋。

十月，黄子久兴作《吴门秋色图》长卷，"借此遣拔萧寂"。

十月十五日，黄子久回到虞山，好友张雨随之到虞山、小山访黄子久，并向子久索画。黄子久在小山南麓自己茅庐中，一口气为张雨连作"山居小景图八幅"，赠予张雨。张雨获图后非常高兴，他自己在其中第一图《清溪停舟图》上题跋道："一峰老人，山水清逸绝尘。迩年以来更有一种苍古劲健之色。非寻常弱腕所能仿佛其万一也。今年仲秋客游姑胥，访一峰于虞山，不觉流连匝月，迫告归。因画山居图八幅见遗，若拂水飞泉四题，则写其家山之乐。贞居（张雨）室四题，乃写华阳隐居之景，气韵生动，天趣具足，走荆门于笔下，罗丘壑于胸中。即锡我百朋，何以过此。喜溢过望。因装池以俟同好者歌咏其后，便足了此生之事矣。至正乙酉十月之望。句曲张雨记。"

在"山居小景图八幅"[1]中的第四图《屋下清泉图》上，有昆山顾仲瑛的题跋道："屋下清泉屋上山，松荫落落竹斑斑。道人竟日支颐坐，却喜山光照酒颜。"

在"山居小景图八幅"中第五图《贪住清山图》上，有揭傒斯的题跋道："贪住青山白老袍，圣时还放自由逃。诸峰萝目双鞋湿，万壑松云一枕高。瘦鹤伴花心共野，寒驴驼雪兴偏高。客来不厌无供给，咲指银流与翠涛。"

在"山居小景图八幅"中，其第八图《溪岸山居图》上有"一峰为伯雨作于虞山山舍"的题识，并有钱唐孙鼎的题跋道："张外史高士也。说者谓曾游句曲山遇异人。试以作茅山传……"

是年，又作了《天池石壁图》等。

是年，子久友倪云林（瓒）作水墨纸本《六君子图》（时倪瓒四十五岁。此画现藏上海博物馆）。

是年，黄子久为倪云林的《六君子图》题诗"远望云山隔秋水，近看古木拥坡。居然相对六君子，正直特立无偏颇。"表达了他的人生观，该画也因此诗而名为《六君子图》（此图现藏上海博物馆）。

倪云林出身富豪，家境十分富裕，是倪昭奎（字文光）弟，倪云林早年丧父，由长兄抚养成人。也是金月岩弟子，全真教道中人，生于一三〇一年，比黄子久幼三十二岁，是黄子久交谊最深的忘年之友。系山水画"元四家"之一。

倪云林善山水画，长期陪伴黄子久云游四方，并豪爽资助黄子久云游之资，同往平阳上圣井山拜金月岩为师遁入道门，曾与晚年的黄子久

---

[1] "山居小景图八幅"：至正五年十月，黄子久在虞山西端小山南麓为张雨所作山水册页八帧，所绘画面，尽写虞山、小山黄子久家乡景致。现存于台北"故宫博物院"。

形影相随。

是年，子久友吴镇作水墨纸本立轴《溪山烟树图》，图有款识："至正五年谷雨日，梅道人戏墨。"

是年正月，蓟州地震。三月，帝亲试进士七十有八人，赐巴布哈、张士坚等及第、出身。是月，东平路及徐州路大饥，人相食。五月，诏以军士所掠云南子女千一百人放还乡里，仍给其行粮，不愿归者听。十二月，以河决，遣礼部尚书台哈布哈奉珪玉、白马致祭于河神。台哈布哈还，言："淮安以东，河入海处，宜仿宋置撩清夫，用辊江龙铁埽撼荡沙泥，随潮入海。"朝廷从其言。会用夫屯田，其事中废。

1346年（元·至正六年）七十八虚岁

是年，丙戌年。黄子久仍居于小山南麓修道、作画，闲时云游来往于吴门周边镇江、广陵、太湖（无锡）等各朋友处。

是年春日闲间，黄子久突然想起，五年前（1341，至正元年），危太朴曾出长素，嘱子久为其作画之事。当时，子久觉得盛意难却，曾许下拟写"往涉大江抵武昌时印胸中之大江胜概"赠之的诺言。如今时过五载，"但屡欲形之于笔，皆为尘务间阻"，心中实感歉疚。为此，于二月十四日，子久携友专赴镇江，登北固山再观长江，创作《万里长江图》，图中"层峦叠嶂，烟云出没。平坡慢流，鱼鸟翔涌。有极目千里之势，而具四时气象"。

是年秋，子久友张雨作水墨纸本诗札二通（册页二开），文曰：遂头二公率三贤过阳室，风雨未由修谢，闻止复以诗先之。谨次韵一首，以识其惭负云，登善庵主张雨上。"二妙一时真好事，山中垫角肯来过。自无丝竹犹陶写，薄有风云足啸歌。流水雅和冰玉佩，猗兰分住石苔窝。世人诋识玄真子，西子湖头雨一蓑。"至正丙戌（1346）秋孟廿又二日，灵石坞写时大风雨三宵昼未已也。

是年八月，子久友吴镇作设色绢本《梅花》图。题识："至正六年八月画。梅花老人镇。"

是年，黄子久题张渥[1]所写《渊明小像》："千古渊明避俗翁，后人貌得将无同。杖黎醉态浑如此，因来那得北窗风。"

岁次[2]，子久在云间，于客舍作纸本《层峦秋霭图》，其题识为："至正六年岁次丙戌荚节前二日为恒麓夏徵君画于'知止堂'。大痴学人平阳黄公望。"于年至，才归小山。

是年冬，失官职近十年的杨维桢，又到苏州，居锦绣坊寓所，常往玉山草堂。

是年二月，兴国雨雹，大者如马尾首。是月，山东地震，七日乃止。三月，高苑县地震，坏民居。六月，罗浮山崩，水涌，溺死百余人。八月，命江浙行省右丞呼图克布哈、江西行省右丞图噜统军合讨罗天麟。九月，邵武地震，有声如鼓，至夜复鸣。闰十月，诏赦天下，免差税三分，水旱之地全免。

是年，颁行《至正条格》。

---

[1] 张渥，字叔厚，号贞期生、江海客，淮南（今安徽合肥）人，亦与黄公望为友。张渥是山水画家，还擅长人物画，其人物形神刻画生动，兼画梅竹亦潇洒有致。张渥亦通文史，好音律，然屡举不中，仕途失意，遂寄情诗画之中。

[2] 岁次，也叫年次。古代以岁星（木星）纪年，将天空的赤道部位分作十二等分，每等分中以某些恒星为标志。木星正好每年走一等分，十二年走一周。每年岁星（木星）所值的星次与其干支称为岁次。

1347年（元·至正七年）七十九虚岁

是年，丁亥年。时已七十九岁高龄的黄子久，仍隐居于小山南麓茅庐中。他日以诗、酒、书、画，发其高旷，常卧身于山间石梁，面山而饮，如痴如醉。"探阅虞山朝暮之变幻，四时阴霁之气运，得之于心而形于画，故所画千丘万壑，愈出愈奇。重峦叠嶂，越深越妙。"

在家乡虞山及小山，黄子久胸中的灵感随俊山秀水而纵放。每到酒尽画成，子久投于溪涧桥下的饮尽的酒罂（空酒坛）早已随溪水漂远了。在子久常作画之处的小山边、石桥（湖桥）下，几乎丢满了子久喝过的空酒坛。

是年正月上旬，子久于山居中，为道玄处士作《层峦积翠》图。子久惜春，不枉春情，不忘行走于山水之间。得闲踏春访友，是他生活常态。

七月十日下午，子久于小山南麓上，细观虞山，兴趣所至又作《虞山图》。《虞山图》构图高远，"远山峻峭伟岸，重峦叠嶂，两座主峰间飞瀑高悬。中景山体，有平台数处，其中有林木半掩的平台上房屋数楹，恍如仙居，湖上有桥与山相连。近景山石之上林木参差，湖上茅亭高士对饮，童子烹茶。全图气度中和，平淡天真，有超逸绝尘之趣"。这幅《虞山图》，体现了当年黄子久"探阅虞山朝暮之变幻"的一个真实、生动的场景。

关于《虞山图》，有一段被收藏的逸事。至正七年，即一三四七年七月十日（农历）的下午，大痴道人黄子久在家乡创作了这幅《残阳影里认虞山图》（现称《虞山图》）。虽然人们不知道在此图诞生以后的四百多年中发生了什么故事，遭遇了哪些曲折。但从此图的题跋上可以看到，《虞山图》像《富春山居图》一样，在四百多年后的乾隆时期，也流入了皇宫，成了宫廷皇子们手中的藏品。此图上首有题跋曰："熙宁四年，迁叟始如洛。六年，买田二十亩于尊贤坊北，偶以为园，其中为堂，聚书五千卷，命之曰：读书堂。堂北为沼，中央有岛，岛上植树，周围三丈，恍若玉玦，揽结其状，如渔人之庐，命之曰：钓鱼庵。沼北横屋六楹，厚其墉茨，以御烈日，开户东出，南北列轩牖，以延凉飓，前后多植美竹，为清暑之所，命之曰：种竹斋。沼东治地为百有二十畦，襍莳草药，辨其名物而揭之。畦北植竹方径丈，状若棋局，屈其杪，交相掩以为屋。植竹于其前，夹道如步廊，皆以蔓药覆之。四周植木药为藩援，命之曰：采药圃。圃南为六栏，芍药、牡丹、杂花各居其二，每种止植两本，识其名状而已，不求多也。栏北为亭，命之曰：浇花亭。洛城距山不远，而林柏茂密，常苦不得见，乃于园中筑台，作屋其上，以望万安，轩辕至于太室，命之曰：见山台。迁叟平昔多处堂中读书，时或投竿取鱼，执衽采药，决渠灌花，操斧剖竹，濯热盥手，临高纵目，逍遥徜徉。惟意所适，明月时至，清风自来，不知天壤间，复有何乐可以代此，因合而命之曰：独乐园。乾隆丙子嘉平中浣，偶录独乐园记于经畬斋。果亲王书。钤印：研沁露、果亲王书、经畬主人"等。这是此图收藏者在图上的首次题跋。在左上首作者黄子久的题款下，又有收藏者对此图的第二次题跋（诗），诗曰："萦纡石磴接松关，小阁斜敧水一湾。怪底烟云饶秀色，残阳影里认虞山。丁丑初冬重题，经畬主人。"跋后有"皇六子章（朱色钤印）果亲王宝（白）一咏一吟（朱印）"等。

从二款跋文中，可以看到，此图是被皇六子果亲王弘曕（经畬主人）收藏了。果亲王弘曕（1733—1765），是雍正帝的第六子，号益寿主人、自得居士，别号经畬道人。清代藏书家。果亲王曾受乾隆之命管理武英殿，任圆明园八旗护军营、御书处、造办处等职。果亲王雅好诗文及藏书。幼时受学于著名学者沈德潜，对词学深有研究。富于藏书，所藏多达万卷。从果亲王得此图后前后二年二次的题跋中，可以看出果亲王弘曕对此图的喜爱。他的题诗中有"残阳影里认虞山"句，让此图有了一个"图名"。果亲王将他所题的《黄大痴画》这首诗，收录于自己的著作《鸣盛集》卷四（乾隆二十七年刻本）中。

另外，在图左边裱装处，有书画大家、美术史家、书画鉴赏大师杨仁恺鉴定此图时加跋的文字："是帧水墨山水，气韵殊佳，装裱亦精，上有果亲王长题，小楷佳妙，传世名迹，殊可珍也，穌溪仁恺题。"

在图右边裱装处，有当代著名学者、史学家、文物鉴定家史树青在1945年加跋的文字："旧题黄公望山水图，经康熙间果亲王允礼考证为大痴虞山图，故诗中有'残阳影里认虞山'之句。此图亲王前后两题，知其为铭心之品、人间瑰宝矣，乙酉二月，史树青。"从史树青的文字中，又把此图称作《虞山图》[1]。

在图下裱装处，还有北京故宫博物院研究员、宫廷部主任单国强在同年鉴定此图后加跋的文字："果亲王旧藏黄公望虞山图，深得元人笔墨意韵，且流传有绪，杨仁恺、史树青两先生鉴题，足为传世名迹和铭心之品，诚可信也，宜珍藏宝之，乙酉仲夏，单国强题。"单国强在他的文字中，也把此图称作《虞山图》。

黄子久画山水，大多以家乡小山和他隐居所处的山水景色为蓝本，以眼前山水为师，与山水默为知音，意会通神。寄深情于山水之中，胸中成山水之丘壑。落笔于心领神会时，笔下现山水之神形。

清代画家王翚，在他绘的虞山图卷上自题："元人作画，以意为之，直得象外之趣，构思经营，气韵生动，不落画史规格。此卷写西城至剑门一带峰峦树石，屋宇舟梁，出规入矩，恐为尽脱纵横蹊径。昔黄子久日坐湖桥，看山饮酒，以造化为师，意在神韵，不求形似，遂尔入

---

[1]《虞山图》：水墨纸本立轴。又称《残阳影里认虞山图》。见清果亲王《鸣盛集》卷四。

妙。可知会心不在远也。"[1]

历代常熟的文人雅士，有许多叙述黄子久在小山隐居作画的记载。有《常熟县志》记载：黄子久"日沽一罂，卧于石梁，面山饮。饮毕投罂于水而去"。

乾隆十年（1745）有常熟邑人虞山下鱼翼所著《海虞画苑略》中记述黄子久："尝于月夜棹孤舟，出西廓门，循山而行，山尽抵湖桥，以长绳系酒瓶于船尾，返身至齐女墓下，牵绳取瓶，绳断，拊掌大笑，声震山谷。人望之，以为神仙。"[2]

道光年间邑人郏抡逵也在《虞山画志》中记载黄子久道："试吏事就，隐居小山。每月夜携瓶酒，坐湖桥独饮，清吟酒罢，投瓶水中，桥下殆满。"[3]

清代方薰说：黄子久"尝游虞山悟得笔法……日携壶酒坐湖桥，观云霞吐纳，晴雨晦明，极山水之变，蕴于毫末，出之楮素，洵非俗工可能企及"。[4]

是年八月，黄子久想起朋友储霞之求，即作《秋山图》，并在图上题跋道："阿翁结屋秋山岭，秋色秋光纷后前。万轴图书充石阁，千章杉桧罨茆檐。棕鞋桐帽易理料，睡起柴门日夕照。搜奇选异忘岁华，服术养芝颜转少。几年梦想未即通，楚水吴烟两渺渺。安得一跃入层巅，握手仰啸秋山空。何来白鹤传雪茧，却是阿翁松下遗。素韵幽香裹秀丽，展时先有云舒卷。挥毫随写秋山图，真境未窥私范模。风前阁（搁）笔披对久，满面只觉秋苏苏。"

事毕，黄子久将图寄给储霞老友。（诗中所说的"秋山岭"即小山

---

[1] 见清代李佐贤著《书画鉴影》（二十四卷）。

[2] 见清代鱼翼著《海虞画苑略》一卷，补遗一卷。

[3] 见清代郏抡逵著《虞山画志》。

[4] 见清代方薰著《山静居画论》。

南峰。"石阁"即小山南峰东对面的虞山西麓下老石洞，时为冷泉书院。"白鹤"即老石洞南处白鸽峰。据《康熙常熟县志》述，白鸽峰曾亦称"白鹤峰"。)

是年深秋，黄子久的弟师兼好友无用师[1]，来访小山山居，二人小聚数日后，相携离开山居。黄子久与无用师二人，相偕一起到杭州西湖边云游。当年，又一起入富春〔富春在秦王政二十六年（公元前221）设县，境辖富阳、桐庐、建德等地，称"富春"。秦汉时期继称。新莽元年（9）改称"诛岁"。东汉建武元年（25）复称"富春"。三国时期吴黄武（225）析富春部分地置新昌（寿昌）、建德、桐庐三县，次年又析富春地置新城（新登）县。东晋太元十九年（394），富春、新登合，更名为富阳，属杭州府……〕，南游富春江。于暇日，在南楼开始作《富春山居图》[2]（至次年春，子久才再回小山山居）。

是年十一月，子久在杭州西湖又作《天池石壁图》《九珠峰翠图轴》等画。并题曰："十一月四日，晓起见远近林木变色，乃知时序已变。思夕宋玉、潘岳、杜少陵以美辞秀句咏秋寄兴，适逢友人徐元度来访，并以佳素嘱画，故用往岁所见右丞笔法，写秋山深趣长卷，而欲追踪有声之画。"

----

[1] 无用师，名郑樗，字无用，号峑峒生、散木，盱江人，生卒年不详。全真道士金月岩（金志扬）弟子，是黄子久的道中师弟（见《道藏》）。黄子久在七十九岁末开始所作的《山居图》（即《富春山居图》无用师卷）。子久在八十二岁时于松江时，在《山居图》上题跋道："至正七年，仆归富春山居，无用师偕往，暇日于南楼援笔写成此卷，兴之所至，不觉亹亹……"其中的"无用师"就是指郑樗。此后《富春山居图》断为两段，后段名为《富春山居图》（无用师卷），藏于台北"故宫博物院"。

[2]《富春山居图》，纸本，水墨，纵33厘米，横636.9厘米，始作于至正七年（1347），时断时续，历经数年。至正十年，黄子久时年八十三岁。为此图作题时，尚未最后竣稿。此图是黄子久水墨山水画中的杰作。明代邹之麟题跋中，将此图与王羲之《兰亭序》相媲美。明清许多文人画家多从此图得到启示，其临本有十余本之多。

徐元度，梁溪人，其生卒不详，其博学有识，常与名公巨卿交游，被人赞为"许有意气与国士风"。徐元度与倪瓒同被称赞为"无锡两君子"。徐元度与倪瓒又是儿女亲家，黄子久与倪瓒、徐元度二人均是好友，黄子久曾为徐元度作过《为徐元度卷》图，并在其题识中称其为"友人"。

是年二月，山东地震，坏城郭，棣州有声如雷。河南、山东盗蔓延济宁、滕、邳、徐州等处。三月，中书省臣言："世祖之朝，省、台、院奏事，给事中专掌之，以授国史纂修。近年废弛，恐万世之后，一代成功无从稽考，请复旧制。"帝从之。是月，试国子监，会食弟子员，选补路府及各卫学正。四月，河东大旱，民多饥死，遣使赈之。五月，临淄地震，七日乃止。河东地坼泉涌，崩城陷屋，伤人民。九月，诏举才能学业之人，以备侍卫。

1348 年（元·至正八年）八十虚岁

是年，戊子年。子久已是八十岁高龄。因惜于春日，竟不辞辛劳连日云游。

二月中旬，黄子久携友至玉山参加顾瑛[1]邀请的画家诗人"玉山雅聚"活动。

子久年轻时就常去玉山云游。顾瑛的玉山草堂，轻财好客，广交名士诗人，常在玉山草堂游宴雅聚唱和，其声名之盛为当时闻名。顾瑛比黄子久小四十一岁，可谓真正的忘年之交。顾瑛一生不愿当官，常与黄

---

[1] 顾瑛，生于一三一〇年，逝于明初 1369 年。俗名阿瑛，又名德辉，字仲瑛，昆山人，玉山草堂主，元代藏书家、文学家。顾瑛家业豪富，筑有玉山草堂等园池亭馆二十六处。见顾瑛《草堂雅集》。

子久、杨维桢等友饮酒作诗，风流豪爽。在元朝末年战乱纷起，顾瑛尽散家财，削发为在家僧，自称金粟道人（见顾瑛《草堂雅集》）。

月末，子久离开玉山，回到小山。不久又游至太湖、梁溪（无锡）、毗陵（常州）、广陵（扬州）、北固山（镇江）、苕溪（吴兴），随后又达至茅山道人张雨等处。

是年三月，黄子久又为次方作《良常山馆图轴》，图现"山崇岭峻，中隔一溪，林木阴翳，水榭参差。笔力雄伟，元气浑沦"。

是年长至（夏至）后二日，子久于比毗陵（常州）寓舍前，作《仿巨然溪山暖翠图》。

仲夏朔，黄子久为东泉学士（元散曲家阿鲁威）作《山水立轴》。

夏末，子久又于吴兴苕溪浦仙的松声楼，作《溪山欲雨图》，"图绘一水阁，中一人凭栏静眺。溪山云沉，山腰瀑落树木滋润，咸有雨意"。在苕溪浦仙松声楼，子久还为无用师作《云溪松屋》一卷，"浅设色，画松壑云岭，山有精舍"。

黄子久来往于广陵、淮海等地的山水之间，胸中产生"览江山之胜，恍然会心"之悟，与倪瓒至镇江，于北固山为好友倪云林继续作《江山胜览图》。

七月十五日，黄子久又作《秋峰耸翠图》，赠梅庵僧人吴镇。

是秋，黄子久又为敬之作《空青图》。

九月八日，子久题钱选《浮玉山居图卷》。

中秋日，是黄子久生日，他同罗静道人再欣游镇江，上北固山过甘露寺，画望海楼上为纪念米芾所建的海岳庵，作成《海岳庵图》，遂悬挂于静修斋中赏玩。图中"山光江色，雅淡可观"，而黄子久更赞叹米元章诗律之妙，又漫录望海楼七律诗一首，并后题记。

十月，黄子久终于完成了历时十余年时间为倪云林所作的《江山胜览图》一卷。此卷是黄子久认为的"平生得意之作"，图现"大江曲径崎岖，用笔圆润浑厚"。子久在图上自识云："余生平嗜懒成痴，寄心于山水，然未得画家三昧，为游戏而已。今为好事者征画甚迫，此债偿之不胜为累也。余友云林，亦能绘事，伸此纸索画，久置中，余每遇闲窗兴至，辄为点染，迄今十有年余，以成长卷，为江山胜览，颇有佳趣，惟云林能赏其处为知己。嗟夫，若此百世之后，有能具只眼者以为何如耶？至正戊子十月大痴学人黄公望。"此画历时十年多才完成。

这一年中，黄子久以八十高龄历游江南诸地山水之间，兴致之时作画数十幅。

是年正月，黄河决，迁济宁路于济州。诏："各官府谙练事务之人，毋得迁调。"是月，诏翰林国史院纂修后妃、功臣列传，学士承旨张起岩、学士杨宗瑞、侍讲学士黄溍为总裁官，左丞相泰费音，左丞吕思诚领其事。是月，诏给铜虎符，以官尉鄂勒哲布哈、贵赤卫副指挥使寿山监湖广军。命湖广行省右丞图齐、湖广宣慰都无帅鄂勒哲特穆尔，讨莫磐洞诸蛮，斩首数百级，其余二十余洞，缚其洞酋杨鹿五赴京师。

二月，命皇子阿裕实哩达喇习读辉和尔文字。是月，以宣政院使桑节，为江南行台御史大夫。四月，河间等路以连年河决，水旱相仍，户口消耗，乞减盐额，诏从之。是月，诏令："京官三品以上，岁举守令一人，守令到任三月，亦举一人自代。"是月，平江、松江水灾，给海运粮十万石赈之。五月，钱塘江潮比之八月中高数丈，沿江民皆迁居以避之。

第九章　耄耋之年

八十一虚岁至八十六虚岁

1349年（元·至正九年）八十一虚岁

是年，己丑年。黄子久已八十一岁。子久一生好春，惜春，不让春光空逝，凡有得闲，总喜访友或出游至杭州、苏州、松江、秦淮（南京），几乎足不停步，是岁而归。

正月，在杭州为彦功作《九峰雪霁图》，图现"空勾山峰，复以墨青染天，衬起远近山峰，如寒崖冻壑：用破笔作枯株林树，点苔更不着一完笔，生面独开，不露自家墨法，一片精彩神气"。子久在图中题款曰："至正九年春正月，为彦功作雪山次春，雪大作，凡两三次，直至毕工方止，亦奇事也。大痴道人，时年八十有一，书此以记岁月云。"彦功者，乃班惟志也。班惟志和黄子久关系非同一般，黄子久一生曾数次作画赠给班惟志。是年，班惟志正任浙江儒学提举，八十一岁高龄的黄子久，还专门为他画了一幅《九峰雪霁图》，可见两人交往颇多，友谊深厚。

是年春，杨维桢受华亭璜溪居士吕良佐邀请，到吕巷璜溪吕氏义塾授学。

春，黄子久又到云间，居张堰玄真道院，随友杨维桢等同游大小金山岛，在岛上又吹铁笛。在黄子久居松江的时候，与杨维桢交往频繁。杨维桢与子久一样欢喜吹铁笛，故人称铁笛先生。据杨维桢在《东维子文集》中记载，二人曾"扁舟东西泖间，或乘兴涉海，抵小金山"，黄子久取出小铁笛，让杨维桢吹奏洞庭曲，子久则以歌和之。杨维桢曾描述这次游小金山岛吹铁笛道："予往年与大痴道人扁舟东西泖间，或乘兴涉海，抵小金山，道人出所制小铁笛，令余吹《洞庭曲》，道人自歌《小海》和之，不知风作水横，舟楫挥舞，鱼龙悲啸也。"文字对画面之描绘可谓极佳，可见他们志趣相投。杨维桢有诗《题大痴山水》道："前山后山青不了，大树小树枝相缪。老痴胸中有丘壑，貌得江南一幅秋。"玉山《草堂雅集》中多有其事迹。

春光三月，子久为友尧臣作《层峦积翠》，图现"大山丰隆，左逶右迤，山顶多岩石。小树高低排列，林中小屋，青花掩映，幽秀出尘。溪流曲折，密林远渚，小桥村落，咫尺千里。下层坡陀大树，雄厚苍浑，细秀沉古。设色浓青浅绛，尽化云烟之中"。

是月，黄子久又作《春山远岫图》。图现"层峦灌木荒率，平林远轴萧疏，秀润一片，如蒸如浮"。是月，子久还作了《山水图》一帧。

春尽夏初（四月初一），黄子久又以赭石为色，再作《浅绛山水图》（亦称《天池石壁图》）。

五月二十五日，黄子久在云间（松江），为友曹知白（字贞素，号云西，松江富豪、儒雅画家）作的《山水轴》上题跋。

七月七日，黄子久在云间会孙云峰、孙云麟兄弟（未详）。为孙云峰作《群峰耸翠图》，为孙云麟作《秋水图》。是月，还为孙云麟又作《桂隐图》。

九月，子久遇倪云林自楚地远游回。黄子久与倪云林久别之暄后，子久作《楚江秋晓图卷》。倪云林观其"江乡野店，绝壑奇峰，复有匡庐、洞庭之想"。当即喜赋五言诗："依稀沙际路，飘飘江上舟。名山少文画，壮岁子长游。挥毫自酣适，清咏以消忧。且尽兹晨乐，明朝非所谋。"

十月，黄子久居于云间客舍，又作《华顶天池图》[1]。并注此画，是子久为弟子李少翁所作。见题《天池石壁图》小引。李少翁，名李可道，河南濮阳人，生卒不详。由元左司郎中授荆湖北道按察使，是黄

---

[1] 高启《凫藻集》曰："吴华山有天池石壁，老子《枕中记》云：'其地可度难'，盖古灵也。元泰定间，大痴黄先生游而爱之，为图四五本，而池之名益著。此为其弟子李可道所画，尤得意者也。"

子久弟子。

是年，黄子久在云间客舍，作《山居图轴》。还题其自作《砂碛图》，并作《为铁研主人画轴》。又为士贤画《访戴图》。

子久居云间期间，与杨维桢等又游小金山。还分别作了《题梅花道人墨菜诗卷》《水阁清幽图》《观瀑图》《华顶天池图》等画，并分别题识有："大痴学人平阳黄公望书于云间客舍，时年八秩有一""平阳黄公望写于云间客舍""大痴道人平阳黄公望画于云间客舍，时年八秩有一""大痴学人平阳黄公望戏写"等，体现了子久对养父黄乐的感恩之情。

明万历间常熟赵琦美编《赵氏铁网珊瑚》卷十四，注：黄公望《题梅花道人墨菜诗卷》落款为："大痴学人平阳黄公望书于云间客舍，时年八秩有一。"

清初浙江仁和姚际恒《家藏书画记》卷上：《观瀑图》取境幽冷，用意深微，笔墨之痕俱化，上书"平阳黄公望写于云间客舍"。

清广东南海孔广镛、孔广陶《岳雪楼书画录》卷三载：黄公望《华顶天池图》的自识为："至正九年十月，大痴学人平阳黄公望画于云间客舍，时年八秩有一。"

南京博物馆的《水阁清幽图》（纸本水墨）题款为："大痴道人平阳黄公望画于云间客舍，时年八秩有一。"

藏于日本大阪市立美术馆的《江山幽兴图》（纸本水墨）题款为："大痴学人平阳黄公望戏写。"这幅画是黄公望传世画作中仅次于《富春山居图》的长卷。

云间客舍，"云间"是松江府的别称。松江府为今上海吴淞江以南区域。府治在华亭县（上海松江县），故称松江为云间。

年近岁尾，黄子久又携友出游，寓居秦淮（金陵·南京），时作《层岩曲涧》，水墨中现溪山、村居。于岁至而归。

是年正月，立山东、河南等处行都水监，专治河患。七月，诏皇太子阿裕实哩达喇习学汉人文字，以翰林学士李好文兼谕德，归旸为赞善。闰七月，以太傅托克托复为中书右丞相，出韩吉纳为江浙行省平章政事。

1350年（元·至正十年）八十二虚岁

是年，庚寅年。黄子久居小山南麓茅庐中。他思念杭州及西湖的朋友们心切，竟不惧已有八十二岁高龄。他再次离开小山，云游到吴兴、西湖、富春、云间，会友作画，逗留数月。

五月（有说为二月），黄子久与王蒙等，同访钱塘城东之安溪钱氏琴鹤轩。因轩主钱氏"品行清洁，读书博古，能临晋帖，且善鼓琴"。所以，黄子久与王蒙，合作了《琴鹤轩图》，此图布景，现巨然风韵，而王蒙补作的乔松高士，苍古潇洒，使整幅图妙趣横生（见清陆时化《吴越所见书画录》卷三）。

王蒙是元四家中年龄最小之人（王蒙，字叔明，号黄鹤山樵，吴兴人，生于一三〇八年，比黄公望幼三十九岁，是赵孟頫的外甥。工诗文书法、山水人物，重厚墨，构图繁密，碎苔细点，画面繁密充实，景色郁然深秀。元代末官，至明初，曾出任泰安知州），更是黄子久交谊较深的忘年之友，也是黄子久小山山居中的常客。倪瓒曾赋诗称赞王蒙"王侯笔力能扛鼎，五百年来无此君"。他与黄子久、吴镇、倪瓒被后人并称"元四家"。是月，黄子久在杭州，作《设色莲花峰图》（又称《九品莲花卷》）。

是月，黄子久再到云间。歇节（端午）前一日，黄子久因几年前所始作《富春山居图》卷，为题识道："至正七年（1337），仆归富春山居，无用师偕往。暇日于南楼，援笔写成此卷，兴之所至，不觉布置如许，逐旋填割，阅三四载未得完备，盖因留在山中，而云游在外故尔。今特取回行李中，早晚得暇，当为着笔。无用过虑，有巧取豪夺者，俾先识卷末，庶使知其成就之难也。十年青龙在庚寅（1350）歜节前一日。大痴学人书于云间知止堂。"

"知止堂"，为云间（松江）夏氏之业。"知止堂"堂主夏世泽，松江人，其祖籍为吴兴（浙江湖州），移居松江府华亭县，居华亭璜溪（现称吕巷）。其"知止堂"堂名，是赵孟頫所题写。夏世泽曾为浙西廉访使府内狱典，与黄子久任廉访使书吏时，曾是同事旧识。

"知止堂"少堂主夏文彦（字士良，号兰渚、兰渚生，夏世泽孙），是元末明初画家，曾任忠翊校尉、知余姚州事等职。从其祖父夏世泽曾与黄子久任书吏时是同事，并不久就退休的情况分析，夏文彦应该比黄子久年少三十多岁。因此，夏文彦亦是黄子久的忘年好友。

当年黄子久在虞山小山隐居时，夏文彦曾到虞山，尽情"探阅虞山朝暮之变幻、四时阴雾之气运"。

在至正二十五年（1365）和二十六年（1366）间，即黄子久逝世十多年后，夏文彦撰著有《图绘宝鉴》五卷、补遗一卷，其中多处记载有黄公望生前所画作品。

黄子久在松江的居住地有"知止堂"、柳家巷、"筑仙关"，还有"云间玄真道院"等，均亦作"云间客舍"称。黄子久七十九岁时，偕无用禅师入富春山隐居作画，其名作《富春山居图》自该年始作，至黄子久八十二岁从富阳归达松江访友作画，在云间时题跋《富春山居图》时，作品尚未完成，前后已历三四年之久。其《富春山居图》亦题记：于八十二岁时作跋于松江西佘山之云间"夏氏知止堂"。

五月十一日，黄子久题曹知白《山水轴》。

是秋，黄子久与杨维桢、马琬、冯渊如等人坐小楫出游到华亭张堰、璜溪，舟过赤松溪，音乐人杜彦清持"湘竹龙"箫来溪上相会，为铁笛道人及其朋辈弟子奏慢词古调和《秦楼三弄》等曲。道人杨维桢本醉心音乐，平素善弄铁笛，命马琬、黄子久一起吹笛，其时场面非常热烈。酒过三巡，杨铁崖已醉七分，但享受美景热情不减，他指挥学生冯渊如和杜彦清联手一曲，马琬亦十分主动。马琬吹笛，冯渊如弹琴，杜彦清吹箫。特别是冯渊如的琴声清晰遥远和幽灵。闻笛声、箫声和琴声，感鱼龙惊起之律，不啻神仙之乐。那和谐的声音令子久等陶醉不已，醉卧璜溪玉秀桥。十年十月廿日，为杨维桢作《铁崖图》。

〔有图史说：是月，在虞山致道观阿里西瑛的懒云窝，子久题曹知白为阿里西瑛作《群山雪图》。子久想起十三年前，因在虞山西麓致道观为子明作的《山居图》（又称《赠别图》），欲求复读。后又在《山居图》上书言："余时作此，意未足，兴尽而回。越十有三年，至正辛夏四月复为士瞻足之。大痴道人再题，时年八十有二。……"存疑。〕

是年，黄子久回到自己童年、青年时代的小山，纵情于山水之间，回归于大自然之中。又作《浮岚暖翠图轴》。（至清代，有画家王鉴亦有《仿子久浮岚暖翠图轴》《浮岚暖翠图轴》存世。）

是年底，杨维桢被任为杭州四务提举（杭州税课提举司副提举，从七品）。

是年，子久友张雨逝世。张雨（1283—1350），又名天雨，字伯雨，法名嗣真，别号贞居，又号句曲外史，吴郡（江苏苏州）人，元朝茅山宗道士。年二十遍游天台、括苍诸山。后去茅山礼四十三代宗师许道杞弟子周大静为师。张雨多才艺，能诗文，善书，工画，尤以诗享盛誉于元末文坛，寿六十八岁。（见浙江美术出版社《张雨集》）

是年正月，陨石隶州，色黑，中微有金星，先有声自西北来，至州北二十里乃陨。是年春，彰德大寒，近清明节，雨雪三尺，民多冻馁死。三月，奉化州山石裂，有禽鸟、山川、人物之形。六月，有星大如月，入北斗，震声若雷，三日复还。

是年十一月，三星陨于耀州，化为石，如斧形，削之有屑，击之有声。十二月，修大都城。是年冬，温暖，霹雳暴雨时行，衢、饶、处等处雨黑黍，内白如粉，草木皆萌芽吐花，大雪而雷电。

是年，高棅出生。高棅（1350—1423），又名廷礼，字彦恢，号漫士，福建人。为闽中十才子之一，是明朝初年研究唐诗的重要学者，著有《唐诗品汇》，是重要的文学评论著作。

1351年（元·至正十一年）八十三虚岁

是年，辛卯年。黄子久仍居于小山南麓。子久虽年迈，乃可谓惜春似金，踏春而行。

仲春二月，黄子久游至梁溪友人孟叔敬处，为孟叔敬作《蓬莱第一峰图》。图现画法潇洒，树木葱蔚，云烟吞吐，风格师于米元晖而变创自体。孟叔敬，无锡人。博学、精篆书，生卒不详。曾任溧水州同知、福州路判官、浙东宣慰副使、金都元帅府事。孟叔敬与黄子久是好友。

六月，黄子久携孟叔敬又到杭州、安溪访友。六月二十日，子久为寿之作画《山水小幅》，并题："寿之持此半纸，便要痴翁画山水。谈笑都无顷刻间，收汗挥毫三伏里。翻思古人画难得，五日一水十日石。寿之如此相促逼，王宰定不留真迹。"

八月十八日，黄子久于西湖之东，为孟叔敬画《山水轴》以赠之。图见：林峦茂密，栋宇参差，左藏楼阁，中建茆亭，右立危崖，上方双峰对出，瀑水高悬……

黄子久与友人孟叔敬相偕而行，在杭州、安溪等处游走、访友、作画，时逾一年半之久。

是年五月二十八日，杨维桢、顾瑛、葛元哲、袁华、释良琦、张渥等相约祭张雨墓下。

是年正月，清宁殿火，焚宝玩万计，由宦官熏鼠故也。三月，亲策进士八十三人，赐多勒图、文允中等及第、出身。四月，诏开黄河故道，命贾鲁以工部尚书为总治河防使，发汴梁、大名等十三路民十五万，庐州等戍十八翼军二万，自黄陵冈南达白茅，放于黄固、哈齐等口，又自黄陵西至杨青村，合于故道，凡二百八十里有奇，仍命中书右丞玉枢呼尔图哈、同知枢密院事哈斯以兵镇之。是月，孟州地震，有声如雷，圮民屋，压死者甚众。六月，发军一千，从直沽到通州，疏浚河道。

是岁，盗蔓延于江浙。江西之饶、信、徽、宣、铅山、广德，浙西之常、湖、建德，所在不守。江浙行省平章庆通分遣僚佐往督师，以次克复。既乃令长吏按视民数，讹误者悉置不问。招徕流离，发官粟以赈之。

1352年（元·至正十二年）八十四虚岁

是年，壬辰年。春，黄子久复居杭州西湖筲箕泉大痴庵。暇日出游，携友游走富春江边。

七月十日，黄子久作苍秀古雅的《秋山幽居图》。

十月，黄子久再到苕溪（吴兴）拜访好友。子久在布囊中找出三年前寓居秦淮（南京）时所作的《层岩曲洞图》，加题后，赠予孙元麟。

是年冬，黄子久访吴兴好友王蒙。巧王蒙为郡曹刘彦敬画《竹趣图》始毕，王蒙让黄了久见过，求以教正。子久以为，可以添一远山和樵径。王蒙从之，画面顿觉深峻，天趣迥殊。不日，因耿华亭索画甚急，而王蒙顷刻又不能复作，遂以此帧《竹趣图》赠之，黄子久为之加跋。时年节将近，黄子久才惜别诸友，又回到虞山小山山居中。

是年，常熟境内大旱，溪涧干涸。

是年七月，南方红巾军徐寿辉率军攻陷杭州，杨维桢躲入富阳冯士颐家避难（见《杨维桢传》）。

是年三月，帝诏："南人有才学者，依世祖旧制，中书省、枢密院、御史台皆用之。"于是吏部郎中宣城贡师泰，翰林直学士饶州周伯琦，同擢监察御史。南士复居省台自此始。

是年闰三月，立淮南、江北等处行中书省，治扬州。是月，诏令："江西行省左丞相策琳沁班，淮南行省平章政事鸿和尔布哈，江浙行省左丞遵达特哩，湖广行省平章政事额森特穆尔，四川行省平章政事巴实呼图，及江南行台御史大夫纳琳与江浙行省官，并以便宜行事。"六月，大名路旱蝗，饥民七十余万口，给钞十万锭赈之。中兴路松滋县雨水暴涨，漂民舍千余家，溺死七百人。

是年，各地叛军起反，正月，孟海马、布王三等攻克襄阳、荆门、邓州、南阳等地。徐寿辉部攻克汉阳、武昌、安陆府、沔阳、中兴路（今江陵）等地。二月郭子兴、孙德崖等起义，攻克濠州（凤阳）。徐寿辉部攻克江州（九江）、南康，沿江东下，攻池州（安徽贵池），围安庆、别部克岳州。将领欧普祥（欧道人）克袁州（江西宜春），攻江西州县。闰三月，濠州钟离（凤阳东）人，朱元璋至濠州参加郭子兴部起义军，任九夫长。徐寿辉部克吉安，旋即失去。六月，红巾军克道州（湖南道县）等。

1353年（元·至正十三年）八十五虚岁

是年，癸巳年。黄子久本命年。子久回到家乡后，仍居于小山南麓。于春日中的虞山下，子久闲情逸致，四处漫行游走。"今日山顶览乡景，明日尚湖戏水舟。湖桥会友画诗酒，石洞读书觅阴凉。"是他晚年闲逸生活的写照。

五月十五日，黄子久于小山南麓作《秋山图》。

五月二十六日，子久又出游到无锡倪瓒处拜访。在清秘阁[1]中，见倪云林的雪版笺，二人灯下细细夜读毕，当即合作《溪山深远图轴》一图。画上部，是黄子久细腻之作：峰峦秀润，烟树迷，溪桥横斜，山阁高敞。画下部，为倪云林所作：树石亭子，坡石平铺，简单萧疏。倪云林并赋诗于上："烛发荧荧照酒明，故人相对说平生。前村古木三年别，老大难望笔底名。残月浅塘分夜色，绕门杨柳度蝉声。不辞笔砚酬嘉会，去住江湖各有情。"

是年，黄子久再到云间（松江），又作《山水轴》。所画春山云树，不为层峦叠嶂，虽然景浅，但笔苍神秀，自然气韵俱生。

是年初，杨维桢升任杭州税务官"承务郎"（从六品）。正月初六，杨维桢游南屏杏华庄（见《杨维桢传》）。

是年正月，泰州白驹场人盐贩张士诚（幼名九四）与弟士德、士信及李伯升、吕珍等十八人起兵攻泰州。五月克泰州、高邮等地。

是年六月，朱元璋投奔明教。朱元璋募兵得七百余人，郭子兴任之为镇抚。时天下大乱，元王朝摇摇欲坠。

---

[1] 清秘阁：倪云林在家乡为千卷藏书所筑，其为居号。

1354年（元·至正十四年）八十六虚岁

是年，甲午年。黄子久已八十六岁高寿，仍居于小山南麓。

是春，黄子久出游至松陵、甪直。在甪直白莲阁、白莲池、溪云草堂等访友。

七月十日，黄子久在苏州甪直梅中翰的"溪云草堂"内，为梅中翰[1]作《洞庭奇峰图》（现存台北"故宫博物院"）。九月中，黄子久才回虞山小山南麓山居中。

十月二十五日，黄子久在家乡山上饮酒作画，纵情于山水之间，突然去世。

黄子久逝世后，家人将他安葬于小山南麓平台子久茅庐旁，其墓地周围有"七彩之石"。黄氏后世曾称此地为黄家老坟，距子久后代迁大墅的小山村黄家宅基约三里（见黄子久二十三世孙黄道蕴《大墅桥黄氏传承录》）。

《商相村志》述："至正十四年（1354）十月二十五日，逝于山村中，享年八十六岁，葬小山南麓。"《商相村志》即是小山村志。

关于黄子久之死，有说其死于杭州，而目前小山村仍居住着黄子久长子德远的后代数百人，根据他们历代子孙相传云："大痴公是在小山上一边喝酒一边作画时突然倒下的。"

在黄公望逝世后的数百年中，有明代《弘治常熟县志》《嘉靖常熟县志》和清代《康熙常熟县志》《常昭合志》《黄氏五集》及《商相村志》等著中均有对黄子久的载述：黄公望（1269—1354），字子久，号

---

[1] 梅中翰：又称梅剑庵。元至正十四年（1354）甲午黄子久为梅中翰作纸本水墨《洞庭奇峰图》。款署："至正甲午七月十日，大痴道人黄公望为剑庵梅中翰作。"

大痴道人，江苏常熟人。擅山水，师承董源、巨然而自成一家，著有《写山水诀》等，与吴镇、倪瓒、王蒙合称"元四家"。

是年，吴镇亦逝世。吴镇（1280—1354），字仲圭，号梅花道人，浙江嘉兴魏塘人。工词翰，草书学巩兴，擅画水墨山水，又长墨竹。人物、杂卉随意点染亦能超尘出俗。山水师董、巨，墨竹宗文同，与黄子久、王蒙、倪瓒并称元"四大家"。善用墨，淋漓雄厚，兼工梅花，亦能写真，为元人之冠。有《梅道人遗墨》（诗与题跋）。

吴镇逝世后，墓位于嘉善梅花庵内（见嘉善吴镇纪念馆编《吴镇史料》一至三册）。

是年春，常熟境内大风拔树，又霪雨，连绵八十余日。

是年，邑域莫城建青州桥。

是年二月，立镇江水军万户府，命江浙行省右丞佛嘉律领之。是月，诏遣吏部侍郎贡师泰和籴于浙西。时江浙兵起，京师食不足，故命师泰和籴，得粮百万石。三月，廷试进士六十二人，赐薛朝晤、牛继志等及第、出身。四月，汾州介休县地震，泉涌。是月，造过街塔于卢沟桥。五月，郭子兴以镇抚朱元璋为总管，率兵功全椒，克之。七月，潞州襄垣县大风拔木偃禾。汾州孝义县地震。十一月，敕令："中书省、枢密院、御史台，凡奏事先启皇太子。"十二月绍兴路地震。

是年，张士诚立国，攻泰州、高邮大战之后，元朝又先后两次派使者招降义军，均被张士诚拒之城外。张士诚率领的盐民义军孤军奋战，以少胜多，致使元军主力伤亡过半，高邮大捷。

是岁，诏谕："民间私租太重，以十分为率减二分，永为定例。"

附 录

黄子久的名和号

浦仲诚

　　一幅《富春山居图》，让世界知道了黄子久。而黄子久的一生，命运坎坷多舛，中年时自称大痴。晚年入道后又称大痴道人，又号一峰道人、井西道人。黄子久还有静坚、苦行、净墅等诸多的名号。对于黄子久这些名号出处的研究，学界争论颇多，说法不一。

　　其实古人起名号，总有其应处应为之背景和应情应景之思考的。也就是说，黄子久的每一个名和号，都是有其应情应景的思考和故事。

年少改姓黄 名公望 字子久

　　据元人钟嗣成《录鬼簿》记载，黄公望（1269—1354），字子久。在元人夏文彦《图绘宝鉴》及明人王穉登《吴郡丹青志》等相关旧志中有相似的说法，如，陆坚少年时丧父，但资质聪颖过人，活泼可爱，被居住在常熟小山的黄氏看中，认为嗣子，九岁时随黄氏移居到城外大义小山村，成为小山人。在常熟博物馆内收藏的明崇祯年间《常熟县志》和民国时编的《重修常昭合志》也均有黄子久的记载。

　　黄子久出生时，正是南宋奸相贾似道专权，北方蒙古族日益强大的时期。南宋咸淳五年（1269）八月十五，黄子久生于姑苏琴川子游巷（常熟城区的言子巷），原姓陆，名坚。陆坚有兄弟三人，兄德初，弟德承。陆坚在九岁时，因父亲陆统病故，家境贫困。陆坚清秀聪慧，被隐居于虞山西端小山村上的永嘉孤身老者黄氏看中并领养。

黄氏，名乐。原籍浙江永嘉（温州）平阳人，早年移居在虞山西余脉小山山村中。黄乐年近九十，膝边无子。见陆坚聪明伶俐，却幼失父亲，心中十分同情，故将陆坚乞请为嗣子。黄氏得陆坚为子，非常开心地说："黄公望子，久矣。"陆坚少年孤苦，黄氏耆老犹如螟蛉，遂为其改姓为黄，名公望，字子久。从此，"子久"成为黄公望一生山水画作品中重要的署名之一。

"大痴"及"大痴道人"

在常熟小山村黄子久后代家族中，历代相传对黄子久的称呼为"大痴公"。那么黄子久是什么时候开始自称"大痴"的呢？

黄子久虽然曾经两度为书吏，且所追随官员的级别都很高，但书吏并非官员，且黄子久亦非声名显赫之人，因此官方史料中，对黄子久生平的笔墨可谓极少。"大痴"这个带着自嘲性质的称呼，更不可能出现在官方的史料中。

黄子久第一次自称为"大痴"，应该是在他四十三岁那一年。

黄子久第一次任浙西廉访司书吏，是因为阎复的提携，又有接任浙西廉访使徐琰的续聘。椐史料记载，阎复聘用黄子久为书吏那一年，是至元二十九年（1292）。当年巧逢常熟县重修文庙，阎复到了常熟，为重修的文庙撰书了碑文《阎复·平江路常熟县重修文庙之记》，浙西廉访使徐琰为阎复的碑文题写了碑额。从上述这个事件分析，阎复和徐琰到常熟，与黄子久自二十四岁（至元二十九年，1292）开始，被任浙西廉访使的阎复和任江浙参政事（后来继任廉访使）的徐琰相继聘为书吏，有必然的联系。可惜的是，因为后来发生了黄子久"穿道袍去上班事件"，年轻且轻率的黄子久，因挂不住面子，愤而辞职。使他第一次任书吏的时间，仅有七年左右。

黄子久第二次到浙江平章政事张闾手下任书吏时，已是元至大四年（1311）。黄子久年过不惑，已四十三岁了。黄子久又任书吏后，想起自己过去，因年轻气盛，轻率挂冠辞职，如今却再度为吏，白白浪费了自己十多年青春时光，乃嘲笑自己为"大痴"之人。从此开始，黄子久把筲箕泉边自己的茅舍，称作"大痴茅庐"。

也许黄子久命中不是当书吏的料。他随张闾任书吏的时间，仅约五年。延祐二年（1315）因为张闾的"经理田粮，致死人命案"事件，遭受朝廷撤查，黄公望受牵连而入狱。许多朋友仗义援手，为黄子久证明他在此案中责任轻微，才"未几出狱"得以释放。延祐三年（1316），黄子久这时已四十八岁。他出狱后，虽得好友并任浮梁同知杨载的推荐，欲在松江知府汪从善处谋职，却未成。导致他流落于松江，以"卖卜"为生。黄子久在松江期间，幸遇夏世泽和赵孟頫指导，才成为吴兴赵孟頫"松雪斋中小学生"。

黄子久在赵孟頫处学画四年，五十三岁才回到家中，在小山村上开始潜心作画。每逢暇时，黄子久想起自己的经历，总感慨万千，心中萌生了出家入道的念头。

在黄子久六十一岁那年（天历二年，1329），他远涉一千多里，到平阳攀上圣井山龙虎山顶，入先天观蓬莱庵，拜蓬莱庵主金月岩（字志扬，号称金蓬头。金月岩在圣井山上还有一处道观，名"天瑞庵"）为师，从此出家入道。黄子久成为道人后，续以"大痴"为号，自称大痴道人，隐居在龙虎山顶下西坡约百步处一庵洞内。

黄子久所居此洞，面正西方向，在海拔七百米以上。这是一个利用山顶下坡处巨型岩石的凹处垒成的庵洞，庵洞的方位，正好与山顶下百步处正东侧道观"圣井观"的方位对应。

又号"井西道人"

在黄子久身处的山顶下东侧百步处这所道观，全部以石材所建，所以又称"圣井石观"。传说这处道观，是浙南地区时代最早、规模最大、保存最完整的石材构建的石殿建筑群。"圣井观"历史悠久，始建于南宋景定元年（1260），现存的"圣井观"是明代万历至清光绪年间（1573—1908）所重筑。观内有石井一口，名"青龙泉"井，位于石殿神座前的供桌下，"深广不盈尺，永无盈涸，清冽甘甜"，因而人们口口相传，称其为"圣井"，故观以"圣井"为名，久而久之，便把观内原祀许旌阳的许真君殿，也称作"圣井山石殿"，进而把整座山许多山峰，也统称为"圣井山"了。

黄子久独居的山顶下西侧庵洞，正好处于圣井观之正西方向，这里的环境带给他许多的思考和灵感，"井西道人"一号，便由此而生。

黄子久在圣井山学道，有五年时间。其间，他帮助师父金月岩撰修完成了内丹典籍。黄子久不但帮助师父金月岩撰修完成了《内丹典籍》，还历游了圣井山山间许多名胜古迹，饱览了山中峻峦秀水，揽千万大美山水之景于怀中，这些都为后来他创作《富春山居图》打下基础。

再号"一峰道人"

"一峰道人"是黄子久山水画作品中有较多落款或题跋的署称，如他的《秋山招隐图》《秋岩叠嶂图》《天池石壁图》等，都以"一峰道人"或"一峰老人"署称。即使时至如今，在文化艺术界谈到黄一峰时，自然会想到元代山水画家黄子久。

"一峰"也是当年他许多朋友对他的尊称。如，至正五年（1345）十月十五日，黄子久的好友张雨到虞山拜访黄子久，向黄子久索画。黄子久在小山南麓自己茅庐中，一口气为张雨连作山居小景图八幅，赠予张雨。张雨获图后非常高兴，他自己在其中第一图《清溪停舟图》上题跋道："一峰老人，山水清逸绝尘。迩年以来更有一种苍古劲健之色。非寻常弱腕所能仿佛其万一也。今年仲秋客游姑胥，访一峰于虞山，不觉流连匝月，迨告归。因画山居图八幅见遗，若拂水飞泉四题，则写其家山之乐。贞居（张雨）室四题，乃写华阳隐居之景，气韵生动，天趣具足，走荆门于笔下，罗丘壑于胸中。即锡我百朋，何以过此。喜溢过望。因装池以俟同好者歌咏其后，便足了此生之事矣。至正乙酉十月之望。句曲张雨记。"

在黄子久赠张雨的第八图《溪岸山居图》上，也有钱唐孙鼎的题识"一峰为伯雨作于虞山山舍"等。清嘉庆年间，黄子久十六世孙黄泰把位于小山南麓上的黄子久墓迁至虞山西麓黄家山后，他在黄子久墓前立碑时，镌刻文字为"元高士黄一峰公之墓"。

这样的例子不胜枚举。即使在近代，有崇拜黄子久者，称黄子久为"黄一峰"。如，中国美术馆藏有萧俊贤一九四四年所作《拟黄一峰溪居图》，在画幅左上，有"甲申二月拟黄一峰溪居图。天和逸人萧俊贤，时年八十"的题跋。

那么黄子久的"一峰道人"号，出处何在呢？查阅黄子久的许多画作及相关资料，特别是中国道教协会《道藏》等相关资料，可以发现，黄子久的"一峰道人"号正是出自黄子久在圣井山修道这段时期。

黄子久隐身的山顶下西侧庵洞，仅五平方米左右，洞内黑暗潮湿，在洞内深处向洞门外看，前方当洞口有一座海拔约 700 多米，坡度约 70 度左右的陡峭险峰，像一座刀剑之峰，独挡立于洞口之外。此峰前后左右遥无牵挂，独自耸立如擎天之柱。站在洞口外看此峰，让人有云端览峰之感。向左前方俯瞰，飞云江浅绿色的流水，形如蛟龙翻飞。向右边眺望，一座黛色秀峰，状如猛虎雄居。"一峰道人"号，该是由此而生。

再看飞云江左边的西南方向山下，是山间古村落，名称"净水村"。黄子久在此洞内隐居修道五载，可谓清苦异常，"苦行"一号，亦自然而出。

心怀感恩再号"净墅"

"墅"者，村落也。《辞海》中说：墅，指的是田庐、村舍，或指山中或田野的土舍、草墅。

黄子久的养父黄乐，是平阳黄氏族中人。听平阳的学者介绍说，山下的"净水村"，是黄氏族人聚居之处。黄子久与圣井山下净水村为邻，陋居于山顶庵洞之中，以独秀一峰为门，静心修道，除了帮助师父金月岩撰修内丹典籍，时而挥毫作画，时而会友畅谈，时而游山览胜，时而村中访友，生活虽然清苦，却亦悠然。

黄子久生平对养父黄乐，是心存感恩的；对养父黄乐的祖籍平阳，是心系情感的。他隐居平阳圣井山修道，与养父家乡净水村为邻五年，为寄托他胸中的感恩情怀，取号为"净墅"自然而然。我们还可以从如下几个事例中，看到黄子久对平阳的情感。

如，明万历间，常熟赵琦美编的《赵氏铁网珊瑚》卷十四中，有"黄公望《题梅花道人墨菜诗卷》落款为'大痴学人平阳黄公望书于云间客舍，时年八秩有一'"等文字。清初，有浙江仁和的姚际恒在《家藏书画记》卷上，有："《观瀑图》取境幽冷，用意深微，笔墨之痕俱化，上书'平阳黄公望写于云间客舍'。"清广东南海孔广镛、孔广陶的《岳雪楼书画录》卷三中载道："黄公望《华顶天池图轴》的自识为'至正九年十月，大痴学人平阳黄公望画于云间客舍，时年八秩有一'。"南京博物馆的《水阁清幽图》(纸本水墨)题款为"大痴道人平阳黄公望画于云间客舍，时年八秩有一"。黄子久落款中所说的"云间客舍"，是指松江府的别称"云间"。松江府为今上海吴淞江以南区域，府治在华亭县(上海市松江县)，因此松江即为云间。现藏于日本大阪市立美术馆的《江山幽兴图》(纸本水墨)，有题款为"大痴学人平阳黄公望戏写"。

除上述诸号以外，黄子久还曾称"静坚"。他是一个性情中人，从陆坚到静坚，正是一个"坚"字，保存了幼时之名。反映出黄子久虽然因为出嗣而更名换姓，但心静之时，胸中总是难忘年幼时期子游巷中的生活，心中难忘对生父母陆统夫妇的怀念之情。

如今，黄子久的诸多名和号，正如举世闻名的《富春山居图》一样，伴随着他的艺术成就，永远被世人所言说。

二〇二一年二月十日　于隐梅斋

168

黄子久生平行迹简表

浦仲诚　整理

地点	时间	交友情况	文献出处
浙西廉访司	至元三十一年至大德三年间（1294—1299）	徐　琰	钟嗣成《录鬼簿》
元大都（北京）	皇庆二年（1313）	张　闾	温肇桐《黄公望年表》
松江	延祐元年（1314）	松江	温肇桐《黄公望年表》
吴兴 松江	延祐二年（1315）	杨　载 汪从善	杨载《次韵黄子久狱中见赠》
常熟	至治三年（1323）	危太朴（危素）	陈履生《黄公望绘画年表》
华山	泰定年间（1324—1327）	苏州 天池山	高启《凫藻集》卷四《题〈天池石壁图〉》
云间（华亭）	天历二年（1329）	危太朴	张泰阶《宝绘录》
圣井山	约天历二年（1329）	金志扬 方从义等	详见《金蓬头先生像赞》《图绘宝鉴》《说学斋稿》
常熟虞山	至顺元年（1330）	倪　瓒	温肇桐《黄公望年表》
苏州	元统二年（1334）	长洲	朱谋垔《画史会要》
云间	至元二年（1336）	袁桷（清容）	张泰阶《宝绘录》
云间	至元四年（1338）	范子正	吴其贞《书画记》
杭州西湖	至元四年（1338）	陈存甫	温肇桐《黄公望年表》
云间（华亭）	至元四年（1338）		题《富春山居图》
武昌	至正元年（1341）	武昌	张泰阶《宝绘录》

地点	时间	交友情况	文献出处
华亭	约至正初（1341）	杨维桢	杨维桢《东维子文集》
平江	约至正元年（1341）	苏州	题自画《溪山雨意图卷》
杭州	至正元年（1341）	青莲方丈 王若水	都穆《铁网珊瑚》
云间（华亭）	至正二年十二月廿一日（1342）	王 蒙	题倪云林《春林远岫小幅并序》
云间（华亭）	至正二年夏五月望（1342）	杨维桢	题自画《芝兰室图并铭》
梁溪华氏水云阁	至正三年（1343）	无锡梁溪华氏	《山村暮霭图题记》
茅山	至正四年（1344）	张 雨	汪砢玉《珊瑚网》
浙东	至正四年（1344）	姚文奂	张泰阶《宝绘录》
杭州	至正四年（1344）	张叔厚	张泰阶《宝绘录》
云间（华亭）	至正四年八月廿九日（1344）		题自画《溪山小景》
玉峰山（昆山）	至正四年（1344）	顾善夫	张泰阶《宝绘录》
华亭	至正五年除夕（1345）	杨维桢	《东维子文集·铁崖先生古乐府·〈望洞庭〉诗序》
无锡太湖	至正五年（1345）	倪 瓒	题《六君子图》
吴门玉峰松陵	至正五年（1345）	松陵	张泰阶《宝绘录》
吴兴	至正五年（1345）	赵文敏	《虚斋名画录》
虞山	至正七年（1347）七月十日	小山	《虞山图》清果亲王《盛鸣集》
云间富春	至正七年（1347）	富春 无用师	题自画《富春山居图卷》《大观录》

地点	时间	交友情况	文献出处
广陵淮海间	至正八年三月（1348）	倪瓒 次方	题与倪云林合作《江山胜览图》 裴景福《壮陶阁书画录》 邵松年《古缘萃录》
毗陵（常州）	至正八年（1348）	毗陵	《石渠宝笈》
苕溪浦仙	至正八年夏（1348）	无用师	《艺珍堂书画集》
镇江北固山	至正八年中秋（1348）	罗静修道人	张泰阶《宝绘录》
云间（松江）	至正九年春（1349）	云间	吴其贞《书画记》
无锡	至正九年九月（1349）	倪瓒	潘正炜《听飘楼书画记》
云间（松江）	至正九年十月（1349）	李少翁	孔广陶《岳雪楼书画记》
秦淮（南京）	至正九年（1349）	秦淮	《石渠宝笈》
钱塘安溪	至正十年（1350）	安溪钱氏	《岳雪楼书画记》
云间（松江）	至正十年五月（1350）	云间	题自画《富春山居图卷》
虞山致道观懒云窝	至正十年五月（1350）	曹知白 阿里西瑛	题曹知白为阿里西瑛作《群山雪图》
杭州西湖	至正十一年八月十八日（1351）	孟叔敬	吴其贞《书画记》
吴兴苕溪	至正十二年十月（1352）	孙元璘	《石渠宝笈》
无锡	至正十三年五月二十六日（1353）	倪瓒	邵松年《古缘萃录》
苏州甪直	至正十四年（1354）	梅剑庵	《洞庭奇峰图》
松江	约至正十二年（1355）	曹知白	题《曹云西画卷并序》

黄子久书画创作时间地点对照表

浦仲诚

历史年代	公历	年龄（岁）	重要居住、旅居地	主居地	作画地
至元十五年—至元二十八年	1278—1291年	10—23	始自习画作，自研填写的散曲。	虞山小山	
至元二十九—大德元年	1292—1297年	24—29	杭州初识赵孟頫，得其指点要领。	杭州	
大德二年—大德五年	1298—1301年	30—33	31岁始投心画作。为子茂作《设色山水》。	小山	
大德六年—至大三年	1302—1310年	34—42	34岁《深山曲邬卷》。36岁秋写《游骑图》。41岁临李思训《员峤秋云图》。	虞山 小山 云游松江 太仓 昆山 吴江 无锡	玉山草堂 松江 太仓 昆山 吴江
延祐三年—延祐四年	1316—1317年	48—49	至华亭知止堂，卖卜。	虞山 华亭	
延祐五年—至治二年	1318—1322年	50—54	复作画。入赵孟頫室为弟子。	湖州	吴兴
至治三年—至和元年（泰定五年）	1323—1328年	55—60	作《春山仙隐》《茂林仙阁》《虞峰秋晚》《雪溪唤渡》四幅，有柯九思、吴镇、王蒙、倪瓒等分别为太朴题诗。	历游周边 虞山小山	虞山小山
至和二年 天历二年— 至顺三年	1329—1332年	61—64	61岁，八月十日，二十余年前所临的李思训《员峤秋云图》，为清容先生见之，叹赏不已，遂赋诗。62岁，画名大振。危太朴家藏宋纸二十方，从不示人，以为"非大痴笔不足以当之"。是年嘱画。63岁，仲春望日，跋《李佋临右军帖》，其中云："至于立身宦途，而志趣常超然于物表，此吾所以起劲者业。"	平阳 圣井山	圣井山
元统元年—	1333—	65—	十月，为太朴先生作《秋山图》。	圣井山	圣井山
元统二年—	1334—	66—	于苏州文德桥开三教堂授徒布道。	苏州	

历史年代	公历	年龄（岁）	重要居住、旅居地	主居地	作画地
至元元年 — 至元三年	1335—1337年	67—69	相继完成了《柳市桃源》《春林列岫》《柳塘渔舸》《桃溪仙隐》《亭林萧散》《纯溪归棹》《春江花邬》《长林逸思》《秋江渔棹》《江深高阁》《霜枫归旅》《秋江帆影》《柳浪渔歌》《松坡晴嶂》《秋山深处》《枫林寒岫》《溪阁松声》《江山萧寺》《烟岚云树》《雪山旅思》，共计二十幅。 至元二年，68岁，清容先生携纸访黄公望虞山山居。	虞山小山	虞山小山
至元四年 — 至正元年	1338—1341年	70—73	仲春，作《听泉图轴》。 70岁，四月清容先生再次来函催画，遂用两年前清容先生嘱画之纸作《为清容长幅》。 九月，为张雨画《秋山幽寂图轴》。秋，子明隐居将归钱塘，作《山居图》相赠。 71岁，黄公望于绘事至此已四十年，每问水寻山，探奇历胜，触景会心，觉笔端生意勃勃，然尚感有所未逮，乃作《仿古二十幅》。	杭州筲箕泉	杭州西湖居筲箕泉
			73岁，三月，始作《为顾善夫八幅》。 七月既望，于杭州青莲方丈处作《山水》赠故友王若水，并题诗且加跋以志岁月。 八月十九日跋《兰亭旧刻》。 十月，作《天池石壁图》。 十月四日，为倪云林画《层峦晓色图》，倪加题诗赠卢士恒。是图画法潇洒，诗句清雅，足称双璧。 该月，又为性之作《天池石壁图》，用笔清刚，力透纸背。 是年又为义兄文敏作《天池石壁图》。	昆山松江 苏州木渎	昆山 藏书天池山

历史年代	公历	年龄（岁）	重要居住、旅居地	主居地	作画地
至正元年	1341年秋	73—	是岁，危太朴游虞山，造子久仙居，见去年始作的《仿古二十幅》已过半。	虞山小山	虞山小山
至正二年 —	1342—	74—	74岁仲春，于双桂轩作《山水二十帧》。 三月，作《溪山无尽图卷》。 夏月，寓玄真道院，读象山先生《玉芝歌》后，作《芝兰室图》并铭。 是月又作《夏山图》，极力追忆董源笔意，想象其源流；而得知董源《夏山图》为王蒙收藏，又自叹年老目力昏花，不能复作。 七月，作《秋林烟霭图卷》，写沧浪景。九月既望，于江上亭作《浅绛山水图》。十月七日画《山水》。历时一年零七个月。 十二月二十一日王蒙持倪瓒《春林远岫图》来见，并示纸嘱画，乃作《春林远岫》小幅，并题"春林远岫云林画，意态萧然物外情"。	虞山小山 客游四周 吴江松陵	虞山小山 松陵
至正三年 —	1343—	75—	75岁仲春，于双桂轩作《山水二十帧》。历时五年，相继完成《仿黄筌春林图》计二十幅，成《仿古二十幅》。 七月六日，作《层峦叠嶂图》。 八月三日，危太朴又造子久仙居见《仿古二十幅》已毕。	虞山小山 客游四周	虞山小山

174

历史年代	公历	年龄(岁)	重要居住、旅居地	主居地	作画地
至正四年 —	1344—	76—	春,为送伯雨归句曲作《云壑幽居》。又在友人姚子章处见王维《捕鱼》《雪溪》二图,在张叔厚处见杨升《蓬莱飞雪图》,深感古人命意用笔殊非草草。而回视昔日所作,"皆儿稚事矣",一旦危太朴以佳素索画,故采上述二公笔法,间以己意,作《为危太朴画》。 春游昆山,二月游无锡水云阁。 秋会自京师归宦昆山顾善夫,漫作《处境图》以赠之。 八月,云间伯新将其留居,题跋《溪山小景》。 十月二十八题阎立本《洪崖仙图》。 是年十一月,复为世长所得,为之题识。至正三十年(1374年)后,倪瓒于此画后加跋,赞云:"黄翁子久虽不能梦见房山、鸥波,要亦非近世画手可及。此卷……" 是年还为陶九成作《南村草堂图》,作《秋山无尽图》。	虞山 小山 客游昆山 四周	虞山小山 昆山 云间
至正五年 —	1345—	77—	六月二十日手书《画理册》。 八月朔(初一)登虞山望海亭作《虞山一览图》。 九月二十日,黄公望为赵文敏为他书《快雪时晴帖》上配图,作水墨雪景山水,山坳中以朱砂绘旭日旁衬红霞,黄溍为之加跋。 秋日,往来于吴门、玉峰、松陵间。 九月,黄公望为赵文敏书《快雪时晴帖》配图。 十月作《吴门秋色图》长卷"借此遣拔萧寂"。 当年,为倪云林作山水画《六君子图》。	虞山小山 客游四周	虞山 昆山 松陵 苏州 无锡

历史年代	公历	年龄(岁)	重要居住、旅居地	主居地	作画地
至正六年 —	1346—	78—	二月，作《万里长江图》。 当年，子久又游太湖，仍吹铁笛。	虞山小山 客游四周	无锡太湖
至正七年 —	1347—	79—	客游四周后，重归故里隐于小山中饮酒作画。 正月上旬，于草堂为道玄处士作《层峦积翠》。 七月十日，在小山作《虞山图》。八月作《秋山图》。	虞山 小山	
	岁末		是年偕无用师入富春山，南游富春江，暇日于南楼始画《富春山居图》。 是年又作《天池石壁图》。 另作《九珠峰翠图轴》。	杭州 富春	
至正八年 —	1348—	80—	三月，因昔于春日游无锡，往来于广陵、淮海间览江山之胜，恍然会心，遂始与倪瓒合作《江山胜览图》。 是月又为次方作《良常山馆图轴》。 长至后二日，于毗陵寓舍前作《仿巨然溪山暖翠图》。 七月望日，画《秋峰耸翠图》赠梅庵僧。 仲夏朔，为东泉学士作《山水立轴》。 夏，于苕溪浦仙松声楼作《溪山欲雨图》。又为无用作《云溪松屋》一卷，浅设色画松壑云岭，山有精舍。 中秋，同罗静道人游镇江北固山，过甘露寺，画望海楼上为纪念米芾所建的海岳庵，成《海岳庵图》。 九月八日，题钱选《浮玉山居图卷》。 十月完成历时十余年的平生得意之作《江山胜览图》一卷，为倪云林所作。 秋，又为敬之作《空青图》。	游无锡 广陵 游苕溪 游镇江 居杭州 游张雨处开元宫	

历史年代	公历	年龄(岁)	重要居住、旅居地	主居地	作画地
至正九年 —	1349—	81—	正月，为彦功作《九峰雪霁图》春三月，为尧臣作《层峦积翠》。 是月又作《春山远岫图》。 该月还作《山水图》。 四月一日，作《浅绛山水》(又称《天池石壁图》)。	杭州 富春	
			五月二十五日，题曹知白《山水轴》。 七月七日，为孙云峰作《群峰耸翠图》为孙云麟作《秋水图》。 孟秋，又为孙云麟作《桂隐图》。 九月，倪云林自楚还，与云林高士在啸咏之暇，作《楚江秋晓图卷》。 十月，于云间客舍画《华顶天池图》，此画为弟子李少翁所作，后归颍川公子青丘，始为张顺逊题诗。 又于云间客舍画《山居图轴》。 是年还题自作《砂碛图》。	华亭	
			作《为铁研主人画轴》。又为士贤画《访戴图》。 是岁寓秦淮，时作《层岩曲涧》，水墨画溪山、村居。	秦淮(南京)	
至正十年 —	1350—	82—	二月，设色画莲花峰，成《九品莲花卷》。 五月十一日，题曹知白《山水轴》是月在钱塘城东之安溪钱氏琴轩，与王蒙合作《琴鹤轩图》。	杭州 富春	
	是年末	82—	节前一日，因所作《富春山居图》卷，历三四载未得完备，无用过虑有巧取豪夺者，故先识卷末于云间夏氏知止堂。	华亭	
			是年，已82岁高龄的黄公望，遂返璞归真，回到自己童年、青年时代的小山村故里，纵情于山水之间，回归于大自然之中。 是年又作《浮岚暖翠图轴》。	虞山小山	

历史年代	公历	年龄(岁)	重要居住、旅居地	主居地	作画地
至正十一年一	1351—	83—	二月，为叔敬作《蓬莱第一峰图》。 六月二十日，画《山水小幅》。 八月十八日，于西湖之东为叔敬画《山水轴》。	游安溪 蓬莱山 杭州 富春	
至正十二年一	1352—	84—	七月十日，作《秋山幽居图》，苍秀古雅。 冬，王蒙为郡曹刘彦敬画《竹趣图》。	居 浙江 杭州 约1年	
			十月，复来苕溪，检出三年前寓秦淮时所作的《层岩曲洞图》，加题赠孙元麟。	游居至 湖州 （苕溪）	
至正十三年一	1353—	85—	五月之望，作《秋山图》。 五月二十六日，于清閟阁中见倪瓒雪版笺，灯下二人夜读，合作《溪山深远图轴》，上部峰峦秀润，烟树迷，溪桥横斜，山阁高敞，是其细腻之作。下部为云林所作树石亭子，坡石平铺，简单萧疏。倪云林并赋诗于上："烛发荧荧照酒明，故人相对说平生。前村古木三年别，老大难望笔底名。残月浅塘分夜色，绕门杨柳度蝉声。不辞笔砚酬嘉会，去住江湖各有情。" 是年又作《山水轴》，所画春山云树，不为层峦叠嶂，虽然景浅，但笔苍神秀，自然气韵俱生。	游居 无锡 淞江	
至正十四年一	1354—	86—	七月十日为梅剑庵作《洞庭奇峰图》。	苏州	
			是年（农历）十月二十五日，卒于常熟（逝世于常熟虞山小山），葬虞山小山南麓，入黄氏家墓。	葬于 虞山小山 南麓	

遗存于世的黄子久诗作

浦仲诚　搜编

王叔明为陈惟允天香书屋图

华堂敞山麓，高栋傍岩起。悠然坐清朝，南山落窗几。
以兹谢尘嚣，心逸忘事理。古桂日浮香，长松时向媚。
弹琴送飞鸿，挂笏来爽气。宁知采菊时，已解哦松意。

王摩诘春溪捕鱼图

春江水绿春雨初，好山对面青芙蕖。渔舟两两渡江去，白头老渔争捕鱼。
操篙提网相两两，慎勿江心轻举网。风雷昨夜过禹门，桃花浪暖鱼龙长。
我识扁舟垂钓人，旧家江南红叶村。卖鱼买酒醉明月，贪夫徇利徒纷纭。
世上闲愁生不识，江草江花俱有适。归来一笛杏花风，乱云飞散长天碧。

李咸熙秋岚凝翠图

山林之乐幽且闲，何人卜居云半间。江亭夐立苍树杪，招提高出碧溪湾。

循溪隐隐穿细路，断岸疏疏起烟雾。微茫万顷白鸥天，雁阵凫群落无数。
樵歌初断渔唱幽，桥边野老策扶留。春山万迭西日下，渺渺一片江南秋。
我昔荆溪问清隐，溪上分明如此景。别来时或狂梦思，忽见此图心为醒。
李侯少年擅丹青，晚岁笔意含英灵。兴来漫写秋山景，妙入毫末穷杳冥。
无声诗与有声画，侯能兼之夺造化。临窗点笔试题之，老眼模糊忘高下。

题倪云林赠耕云东轩读易图

君家书屋锁闲云，庭前丛桂吹清芬。东轩虚敞坐凉夜，扑帘香雾来纷纷。
金吹不动露华洁，月里仙人降瑶节。奇葩点缀黄金枝，灵种移来白银阙。
秋林潇洒秋气清，千竿修竹开前楹。自是燕山尚清贵，不与桃李争芳荣。
花下诗成日未尽，更喜幽人往来近。清绝何如元镇图，应识耕云是高隐。

管夫人竹窝图

歙之山兮郁巃嵷，突出欲坠劖青空。千枝万蔓行苍龙，嶔崟锐气欲敌昆仑峰。扶疏朴樕不足媲其灵秀兮，箐篧箘簬檀栾□蠹竦竦生其中。

翠蛟翔舞划烟雾，霜戟礳格敲天风。山空人寂孤坐而侧耳兮，珊珊环佩响璇宇，复疑金簧玉磬交奏蓬莱宫。飞仙遥闻驻鹤驭，威凤倾听来苍穹。

虽云神领而意会，未若诛茅结屋箕笃谷内没齿宁吾躬。君家相距匪数舍，茧袍鸠杖高步时得追文同。居旁万竹固已具胸次，落落付诸绘素祗欲此意传无穷。

元卿子猷长往不复返，此君千古夸奇逢。披之三复重太息，双眸炯炯开昏蒙。会当盛暑楼鞋卉服造竹下，脱巾露发一洗烦热除惺忪。

方方壶松岩萧寺图（序）

方壶此卷，高旷清远，可谓深入荆关之堂奥矣。鄙句何足以述之，愧愧。

浩渺沧江数千里，几幅蒲帆挂秋水。晓风吹断绿萝烟，百迭青峰望中起。
梵王宫阙倚云开，七级浮屠倒影来。山人久已谢朝市，日踞江头百尺台。
松篁丛杂多啼鸟，隔岸人家丸弹小。此图此景入天机，谁能髣髴方壶老。

顾恺之秋江晴嶂图（序）

顾长康天才驰誉，在当时为谢安石知名。其寓意于画，离尘绝俗，开百代绘事之宗。

至于痴，亦由资禀之高，好奇耽僻，不欲与世同，故人有三绝之称。

此卷墨法入神，传采入妙，莫得知其所以始，而亦莫得知其所终。变幻百出，诚可谓圣于画矣。

岂学知勉行者所得仿佛其一二哉！一日，太朴出示，惊赏不已。然亦不敢久羁，敬书于后以复。

三绝如君少，斯图更擅长。设施无斧凿，点染自微茫。山碧林光净，江清秋气凉。怜余瞻对久，疑入白云乡。

王晋卿万壑秋云图

雨霁云仍碧，天高气且清。霜枫红欲尽，涧瀑落长鸣。
岫岭苍茫景，江湖浩荡情。应知卧云者，奚尚避秦名。

为袁清容长幅

入山眺奇壑，幽致探何穷。一水青岑外，千岩绮照中。
萧森凌杂树，灿烂映丹枫。有客茅茨里，居然隐者风。

荆洪谷楚山秋晚图（序）

洪谷子有云：吴道子画山水，有笔而无墨，项容有墨而无笔，吾当
采二子所长，成一家之格。以此则知其未尝不好古，而亦未尝不好学。
今太朴先生近购所画《楚山秋晚图》，骨体复绝，思致高深，诚有合于
斯语，非南宋人所得梦见也。因赋以短句：

天高气肃万峰青，茌苒云烟满户庭。径僻忽惊黄叶下，树荒犹听午鸡鸣。
山翁有约谈真诀，野客无心任醉醒。最是一窗秋色好，当年洪谷旧知名。

题关仝层峦秋霭图（序）

关仝此卷，虽祖洪谷子，而间以王摩诘笔法。融液秀润，正其中岁
精进之作也。人谓有出蓝之美，讵不信夫！

群峰矗矗暮云连，萝磴逶迤鸟道悬。落叶深深门半掩，疏花历历客犹眠。
岩端飞瀑为青雨，江上归舟泝碧烟。应认个中奇绝处，昔年洪谷属君传。

李成寒林图

六法从来推顾陆，一生今始见营丘。腕中筋骨元来铁，世上江山尽入眸。

林影有风摧落叶，涧声无雨咽清流。寒驴骚客吟成未，万壑寒云为尔留。

郭忠恕仙山楼观图（此诗朱绍《鼓吹续编》作郯韶）

汉主离宫最上头，昔年曾侍翠华游。青天半落银河水，白日高悬华岳秋。
花隐仪銮临阁道，仗移箫凤下瀛洲。三山更在齐州外，遥望苍烟九点浮。

张僧繇秋江晚渡图

何处行来湖海流，思归凭倚隔溪舟。
枫林无限深秋色，不动居人一点愁。

王维雪渡图

摩诘仙游五百年，画称雪渡未能传。
只因曾入宣和府，珍重令人缀短篇。

苏东坡竹

一片湘云湿未干，春风吹下玉琅玕。
强扶残醉挥吟笔，帘帐萧萧翠雨寒。

王维秋林晚岫图二首（序）

王右丞生平画卷所称最者，唯《辋川》《雪溪》《捕鱼》等图耳。
吾意以为绝响，不谓太朴于中州友人家又得此卷，而用笔之妙，布置之神，殆尤过焉。固知右丞胸中伎俩未易测识，而千奇万变时露于指腕间，无穷播弄，岂非千载一人哉！置之案头，临摹数过，终未能得其仿佛。漫书短句，并识而归之。

（一）

群山矗矗凝烟紫，万木萧萧向夕黄。
岂是村翁恋秋色，故将轻舸下横塘。

（二）

秋风荏苒泛晴光，处处村村带夕阳。
一段深情谁得似，故知辋口味应长。

郭忠恕仙峰春色图四首

（一）

闻道仙家有玉楼，翠厓丹壁绕芳洲。
寻春拟约商岩叟，一度花开十度游。

（二）

春泉瀄瀄流青玉，晚岫层层障碧云。
习静仙居忘日月，不知谁是紫阳君。

（三）

碌碌黄尘奔竞涂，何如画里转生孤。
恕先原是蓬山客，一段深情世却无。

（四）

仙人原自爱蓬莱，瑶草金芝次第开。

欸乃棹歌青雀舫，逍遥响彻凤凰台。

题李成所画十册（序）

李咸熙画，清远高旷，一洗丹青蹊径，千古一人也。今见善夫先生所藏十册，不觉心怡神爽，正如离尘壒而入蓬壶矣。赏玩之余，并赋十诗。

夏山烟雨
雨气熏熏远近峰，长林如沐晚烟浓。

飞流遥落疏钟断，石径何来驻短筇。

山人观瀑
匡山过雨泻飞流，遥望香炉翠霭浮。

试诵谪仙清俊句，浩然天地与神游。

江千帆影
高阁崔嵬瞰碧江，布帆归去鸟双双。

无边树色千峰秀，一片晴光落短窗。

蜀山旅思
忆昔蚕丛开蜀国，崔嵬剑阁入寒云。

荒郊寂寂猿啼哭，多少归人不忍闻。

秋山楼阁
杰阁逶迤秋色老，霜林掩映暮峰横。

居人自有闲中伴，坐对飞流意不惊。

翠岩流壑

石磴连云暮霭霏，翠微深杳玉泉飞。

溪回寂静尘踪少，惟许山人共采薇。

山市霜枫

市散谁闻野鸟声，短桥何处旅人行。

莫嫌寂历空山道，隔岸丹枫刺眼明。

雪溪仙馆

大树小树俄变玉，千峰万峰忽失青。

高人深掩茅屋卧，不羡围炉醉复醒。

仙客临流

驰驱十载长安道，立马溪边暂息机。

坐久竟忘归路晚，半空飞沫湿絺衣。

秋溪清咏

万壑千岩拥翠螺，人家处处掩松萝。

溪头静坐者谁子，赋就新诗拟《伐柯》。

赵令穰秋村暮霭图（序）

右赵令穰所画《秋村暮霭图》，曾属徽庙题识，其为真迹奚疑。令穰，字大年，宋宗室，游心经史，戏弄翰墨丹青，多得不传之秘。笔法清丽，景象旷绝，绝去供奉品格。常闻前人盛称其惯为平湖旷荡之景，讵不信夫！偶观此图，不胜仰羡，并系一绝于左。

笔下峦霏乍有无，千林萧瑟远峰孤。

王孙当日归何处？传得秋村暮霭图。

夏圭晴江归棹图

漠漠江天吴楚分，几重树色几重云。
客心已逐归帆好，谁道溪边有隐君。

赵松雪山居图二首

（一）

春夏山中日正长，竹梢脱粉午窗凉。
幽情只许同麋鹿，自爱诗书静里忙。

（二）

丰草茸茸软似茵，长松郁郁净无尘。
相逢尽道年华好，不数桃源洞里人。

曹云西画卷（序）

云西与余有交从之旧，别来四年，心甚念之。一日，子章以长卷见示，不啻见云西也，展阅不已。既题而复识之。

十载相逢正忆君，忽从纸上见寒云。
空江漠漠渔歌度，一片疏林带夕曛。

王洽云山图

石桥遥与赤城连，云锁琼楼满树烟。
不用飙车凌弱水，人间自有地行仙。

黄荃花溪仙舫图

花发枝头水涨溪，仙丹犹泊武陵堤。
重重楼阁仙云卷，无数青峰出竹西。

董北苑

一片闲云出岫来，袈裟不染世间埃。
独怜陶令门前柳，青眼偏逢惠远开。

郭忠恕万松仙馆图

琳堂掩映万松齐，绝壑寒云望不迷。
为听水流翻破寂，轻袍重过短墙西。

李营丘真迹次俞紫芝韵

营丘自是浪仙流，写得空山一段秋。
古木千章施锦绣，风光都属幔亭收。

赵伯驹

露湿庭松偃盖青，一声野鹤隔疏棂。
仙翁来往无拘束，闲向琳宫读道经。

周文矩十美图

侍宴朱楼向暮归，御香犹在缕金衣。
相携女伴阶前立，笑指鸳鸯水面飞。

赵子昂为袁清容画秋景仿大李次韵

空江渺渺暮烟霏，轻舸应知张掾归。
鸿雁恰来枫叶下，山翁未解换秋衣。

赵子昂仿张僧繇

松影参差俯急湍，悠悠斜日下西川。
舟师欲渡频回首，游子经年怯袂寒。

赵子昂仿陆探微笔意

千山雨过琼琚湿，万木风牛翠幄稠。
行遍曲阑人影乱，半江浮绿点轻鸥。

临李思训员峤秋云图

蓬山半为白云遮，琼树都成绮树华。
闻说至人求道远，丹砂原不在天涯。

王叔明为姚子章林泉清话图

霜枫雨过锦光明，碉墼云寒暝色生。
信是两翁忘世虑，相逢山水自多情。

倪云林为静远画

遥山近山青欲滴，大木小木叶已疏。
斜日疏篁无鸟雀，一湾溪水数函书。

倪云林为子章征士画

荒山白石带古木，个中仍置子云亭。
砚坳疑有烟云贮，时见青青落户庭。

方方壶画

魭石矶头宿雨晴，蛟峰祠下树冥冥。
一江春水浮官绿，千里归舟载客星。

钱舜举海棠鸂鶒图

春来庭院风光好，花萼连枝锦不如。

况有和鸣双绣羽，御黄新染浴清渠。

题张叔厚写渊明小像（时年七十八）

千古渊明避俗翁，后人貌得将无同。

杖藜醉态浑如此，困来那得北窗风。

次韵梧竹主人所和竹所诗奉简 四首（时年八十二）

（一）

片玉山前人最良，文章体物写谋长。

古来望族推吴郡，直到云仍姓字香。

（二）

花槛香来风入座，雕笼影转月穿棂。

钩轩平野连天碧，排闼遥山隔水青。

（三）

竹里行厨常准备，浊醪不用恼比邻。

文章尊俎朝朝醉，花果园林处处春。

（四）

人生无奈老来何，日薄崦嵫已不多。

大抵华年当乐事，好怀开处莫空过。

西湖竹枝词

水仙祠前湖水深，岳王坟上有猿吟。
湖船女子唱歌去，月落沧波无处寻。

题春林远岫图

春林远岫云林画，意态萧然物外情。
老眼堪怜似张籍，看花玄圃欠分明。

题画

茂林石磴小亭边，遥望云山隔澹烟。
却忆旧游何处似，翠蛟亭下看流泉。

六君子赞

到至顺年间（1330—1332），公望已是花甲之年，遂于苏州潜心开设三教堂，成了道教中的革新派，并常来往于苏州、杭州之间，并结下诸多趣味相投的好友、画友。公望有无锡画友倪瓒，曾以松、柏、楠、槐、榆等六种参天乔木入画，成《六君子图》。公望当即挥毫作《六君子赞》，一曲短短的七言诗，是黄公望的人生写照。

诗曰：

远望云山隔秋水，近看古木拥陂陀。
居然相对六君子，正直特立无偏颇。

黄氏子久子裔·常熟后代族系考录

小山黄氏义庄掌门及一至三房脉系考[*]

浦仲诚 编

姓名	世系辈分	生平事迹简述	备注
黄公望（子久）	宗主 一世	黄公望，字子久，号大痴、大痴道人，又号一峰道人、净竖等，晚号井西道人。系平江府常熟（小山村）人。详见《常昭合志》《大义镇志》《商相村志》等。	其妻叶氏之墓在武汉新洲区。见《楚黄黄氏宗谱》
黄德远	二世	黄公望长子，生卒年不详。德远居常熟小山村，传小山村黄氏脉系。是常熟（小山村）等地公望黄氏后裔的黄氏先祖。德远是大义小山黄氏第二世。德远一直居住在小山，他的后代也一直散居在附近。后人中也多有秀才。虞山北麓原大义镇区浪澄荡河西侧原有黄氏义庄，浪澄荡河东侧，原存有一条小河，河上有座一平面石桥，名作响板桥。响板桥东黄家宅基，是黄氏后人定居之处。现大义区黄家小区黄家（宅基）新村及周边，仍居住着黄氏后裔第二十代至二十七代传人二百余，其中外迁苏州、上海、北京等地区和城市的不知其数。亦有侨居海外者数人。	见《常昭合志》《大义镇志》《商相村志》等
黄德宏	二世	黄公望次子，生卒年不详，迁杭州。据《楚黄黄氏宗谱》载，德宏系湖北武汉新洲、茂州、黄冈等地公望后裔黄氏的先祖。德宏曾往浙江富阳富春山区，陪伴母叶氏照顾其父黄公望。后代辗转于浙江、江西、湖北等地。其后代在武汉新洲等地区繁衍。	见《楚黄黄氏宗谱》
黄贵一	三世	黄德远长子	
黄贵二	三世	黄德远次子	
人名不详	四世孙—十二世孙	因小山《黄氏宗谱》毁失，其他资料另待考查。	

---

[*] 1. 本表主要收录黄了久后裔历代嫡传长房（黄氏义庄掌门）一支的黄氏传世后人。

2. 限于篇幅，还有其他九支黄氏数百余人略。

姓名	世系辈分	生平事迹简述	备注
黄式	十三世孙	字亦闻（亦文）。生卒年不详。江苏常熟小山人。为清代诸生。喜爱山水，晚年归居藤溪，咏诗不辍，著有《亦闻诗草》。	见《大义镇志》
黄衍	十四世孙	字昌宗、号长原。黄式之子。生卒年不详。清代著名书法家，世居故宅小山中。黄衍尤精篆刻。著《六书探源》五卷《长原诗集》六卷，《诗余》一卷。	见《大义镇志》
黄范	十五世孙	字畴九，号未庵。黄衍之子。岁贡生。生卒年不详。著《未庵诗集》一卷。	见《大义镇志》
黄彝	十五世孙	字位东，黄范之弟。生卒年不详。著《篆考》《印册》《位东诗集》《集陶诗》等。	见《大义镇志》
黄鸿飞	十五世孙	字振翼，号耐园。黄范之弟。生卒年不详。诸生。著有《自怡集》。	见《大义镇志》
黄泰	十六世孙	（1756—1841）字韵山，黄鸿飞之子。乾隆五十九年（1794年）举京兆试，以方略馆眷录授知县，在四川，历任铜梁、永宁、隆昌、安岳等县知县，补阆中。到任之处有政声。同时修复先世忠臣黄钺墓，利刻别集，印行《大痴道人集》《亦闻集》《长原集》《未庵集》《自怡集》称《黄氏五集》，并于清嘉庆二十二年迁建祖坟（黄公望墓），民国时重修《常昭合志》。	见《大义镇志》
黄许桂	十七世孙	黄泰之子。生卒年不详。清代贡生，曾任福建县丞，署惠安知县，有廉干名声。	见《大墅桥黄氏传承录》
黄贻桂	十七世孙	黄泰次子。黄许桂弟。生卒年不详。清代监生，工绘画。	见《大墅桥黄氏传承录》
黄瑞宇	十八世孙	字柳村。生卒年不详。嘉庆六年（1801年）中乡举。善书法，著有《北庄草堂集》。	见《大墅桥黄氏传承录》
黄浩	十九世孙	（1794—1842）道光二十二年（1842年）置地四百余亩，在新村俞巷建大墅桥黄氏义庄，分赠贫族。	见《大义镇志》、黄世梁《大墅桥黄家大事记述》
黄嘉柱	十九世孙	字安甫。父早逝。生卒年不详。大墅桥义塾学堂创办人。	见《大墅桥黄氏传承录》
黄叔梅	二十世孙	生卒年不详。膝下一女，无子。收同脉侄黄凤岩为嗣子。	见《大墅桥黄氏传承录》
黄凤岩	二十一世孙（小山黄氏三房）	黄叔梅嗣子，黄同石父。生卒年不详。凤岩参与创办归义（大义）小学。中年受佛门戒仪，带发修行，成皈依佛门的居士。	见《大墅桥黄氏传承录》

姓名	世系辈分	生平事迹简述	备注
黄玉如	二十一世 孙女	黄叔梅之独女,黄凤岩(嗣)妹,生卒年不详。成年后出嫁常熟归家,夫为归允肃后裔归诚泰。	见《大墅桥黄氏传承录》
黄颂康	二十二世 孙 (小山黄氏大房)	字剑樵,夫人杨竹君。工绘画,善山水。大墅黄氏义庄最后一任掌门人。	见《大墅桥黄氏传承录》
黄芝年	二十二世 孙 (小山黄氏二房)	黄叔梅过嗣孙。生卒年不详。闲居在家,以祖产为业。	见《大墅桥黄氏传承录》
黄芝祥	二十二世 孙 (小山黄氏二房)	黄芝年之弟。生卒年不详。信仰佛教,成年后只身去四川峨眉山,皈依庙堂,研究佛学经文。在川圆寂,当地入土。	见《大墅桥黄氏传承录》
黄同石	二十二世 孙 (小山黄氏三房)	原名黄寅。黄凤岩之子。生卒年不详。曾借居翁相国府。爱书画及书画收藏,因肺痨病故。 原配妻:顾氏。继室:李氏,昆玉曾捐良田支持归义(大义)小学扩办,享年八十二岁。	见《大墅桥黄氏传承录》
黄树棠	二十三世 孙 (小山黄氏大房)	黄颂康长子,夫人樊其怡。生卒年不详。1951年毕业于清华大学物理系。高级工程师、教授。有《斜磁化条件下磁测资料的推断解释》等著。1984年应邀回常熟参加全国各界在常熟举办的纪念先祖黄公望逝世630周年活动。	见《大墅桥黄氏传承录》
黄树栋	二十三世 孙 (小山黄氏大房)	黄颂康次子。黄树棠之弟。生卒年不详。北京建筑设计院工程技术员。	见《大墅桥黄氏传承录》
黄璋	二十三世 孙 (小山黄氏二房)	黄芝年之子,字步青,无子女。常熟博物馆馆员,考古学专家。江苏考古学会理事,江苏吴文化研究会理事。有《常熟新石器时代遗址》《常熟发现的太平天国考释》《苏州地区石刻考工录》等著。	见《大墅桥黄氏传承录》
黄君维	二十三世 孙 (小山黄氏大房)	黄颂康侄。父不详。上海交通大学教授,上海复旦大学外语系教授。	见《大墅桥黄氏传承录》
黄秉端	二十三世 孙女 (小山黄氏大房)	黄颂康之长女。黄树棠之姐。北京林业科学院编审。	见《大墅桥黄氏传承录》
黄秉庄	二十三世孙女 (小山黄氏大房)	黄颂康之次女。黄树棠之妹。北京医学院病理教研室研究员。	见《大墅桥黄氏传承录》
黄增	二十三世 孙女 (小山黄氏二房)	黄芝祥之女。常熟市学前小学一级教师。	见《大墅桥黄氏传承录》
黄道济	二十三世 孙 (小山黄氏三房)	黄同石与李氏之长子。复旦大学毕业。曾任无锡西漳耐火材料厂技术厂长。晚年患痴呆症走失。	见《大墅桥黄氏传承录》

姓名	世系辈分	生平事迹简述	备注
黄道蕴	二十三世 孙（小山黄氏三房）	黄同石与李氏二子，黄道济弟。上海立信会计专科学院毕业。曾任全国合作总社上海审计组长，静安区粮食局主办会计，有《乡镇企业会计》等著作。	见《大墅桥黄氏传承录》
黄道根	二十三世 孙（小山黄氏三房）	黄同石与李氏三子，黄道济小弟。曾获苏州市先进工作者，常熟民政局退休干部。	见《大墅桥黄氏传承录》
黄敬庄	二十三世 孙女（小山黄氏三房）	黄同石与李氏之长女。十八岁病亡。	见《大墅桥黄氏传承录》
黄敬亚	二十三世 孙女（小山黄氏三房）	黄同石与李氏之二女。婚后有一女，名季留。敬亚在抗日战争胜利前病亡。	见《大墅桥黄氏传承录》
黄敬芝	二十三世 孙女（小山黄氏三房）	成年后嫁在练塘，1999 年冬溺水身亡。	见《大墅桥黄氏传承录》
黄安迁	二十四世 孙（小山黄氏大房）	黄树棠之子。	见《大墅桥黄氏传承录》
黄曾源	二十四世 孙（小山黄氏大房）	黄君维之长子。1952年毕业于东华大学法学院。上海市市东中学英语教师，安徽工业大学外语系讲师。	见《大墅桥黄氏传承录》
黄曾浩	二十四世 孙（小山黄氏大房）	黄君维之次子，黄曾源弟。肄业于南京林学院。现为个体工商户。	见《大墅桥黄氏传承录》
黄昭实	二十四世 孙女（小山黄氏大房）	黄君维长女，黄曾源姐。1948 年浙江大学化学系毕业，上海轻工业研究所技术员。	见《大墅桥黄氏传承录》
黄昭淳	二十四世 孙女（小山黄氏大房）	黄君维二女，黄曾源妹。上海市第一保健医院妇科医生。	见《大墅桥黄氏传承录》
黄昭恽	二十四世 孙女（小山黄氏大房）	黄君维小女，黄曾源小妹。上海复旦大学数学系毕业，上海市市南中学数学教师。	见《大墅桥黄氏传承录》
黄颇	二十四世 孙（小山黄氏三房）	黄道济之子。无锡模具厂工作。	见《大墅桥黄氏传承录》
黄颉	二十四世 孙女（小山黄氏三房）	黄道济女儿，黄颇之姐。无锡建筑工程公司工作。	见《大墅桥黄氏传承录》
黄激浦	二十四世 孙（小山黄氏三房）	黄道蕴长子，1955年生。上海交通大学毕业。	见《大墅桥黄氏传承录》
黄激清	二十四世 孙（小山黄氏三房）	黄道蕴二子。上海科技大学毕业，现居美国，从事医疗科技开发研究工作。	见《大墅桥黄氏传承录》
黄激红	二十四世 孙（小山黄氏三房）	黄道蕴三子。同济大学毕业，现居澳大利亚，从事食品开发工作。	见《大墅桥黄氏传承录》
黄蓓	二十四世 孙女（小山黄氏三房）	黄道根独女，在常熟中医院工作。黄蓓丈夫梁盾，工书法，现任常熟市文学艺术界联合会主席。	见《大墅桥黄氏传承录》

姓名	世系辈分	生平事迹简述	备注
黄 斐	二十四世 孙	1956 年生，南京理工大学毕业，苏州大学工程学院副教授、教研室主任。	黄世梁《大墅桥黄家大事记述》
黄志清	二十四世 孙	1959 年生，南京大学毕业，现居加拿大，博士。	黄世梁《大墅桥黄家大事记述》
黄秋痕	二十五世 孙（小山黄氏三房）	黄激浦之独子。美国贝恩公司中国分公司工作。	录自黄道蕴来函记述

黄氏子久子裔·常熟后代族系考

小山黄氏第一世至第二十世考

李 烨*编

世系辈分	姓 名
第一世	黄公望（子久）
第二世	黄德远、黄德宏（随子久往杭州、富阳）
第三世	黄德远长子黄贵一、次子黄贵二
第四世	黄绵祥、黄延祥
第五世	黄 行（迁河北大兴）、黄用正
第六世	黄仲伦
第七世	黄 钦（虞山西湖黄氏）
第八世	黄 琳、黄 玺
第九世	黄祖相
第十世	黄时雨
第十一世	黄佐玄、黄仪玄
第十二世	黄仕鼎
第十三世	黄云选
第十四世	黄命寿、黄命昌、黄命申、黄朝元、黄 衍
第十五世	黄元琛、黄 彝、黄曾桂、黄 范、黄梧冈、黄鸿飞
第十六世	黄绍香、黄 琮、黄中德、黄中理、黄中美、黄 瑞、黄 泰
第十七世	黄寿昌、黄金篆、黄应杓、黄应奎、黄应庚、黄廷桂、黄金简、黄文城、黄许桂、黄贻桂
第十八世	黄 钟、黄师唐、黄师周、黄鸿铨、黄兆荣、黄兆彪
第十九世	黄福元、黄福云、黄诵芬、黄鸿章等
第二十世	黄大根、黄钟桂、黄钟奎、黄曾颐、黄曾文、黄大魁、黄文进、黄宗冀、黄 均、黄 增、黄 埙、黄 坚、黄 基、黄 埴、黄 坚、黄叔梅等

　　* 李烨，男，1964年生，研究馆员。曾任常熟市图书馆馆长、常熟市博物馆副馆长，现为常熟市黄公望文化研究会副会长、高级研究员。

戴表元《题黄大痴像赞》

　　戴表元《题黄大痴像赞》中评价黄公望"身有百世之忧，家无担石之乐。盖其侠似燕赵剑客，其达似晋宋酒徒，至于风雨塞门，呻吟盘礴，欲援笔而著书，又将为齐鲁之学，此岂寻常画史也哉"。

　　此诗为戴表元（1244—1310）在晚年为黄子久所题，时黄子久约四十二岁。戴表元对黄子久的思想人格评价较高，本诗也对黄子久的贫困、忧思、旷达、侠气、博学、好酒等进行了生动地传达。

黄泰迁黄子久墓

黄子久墓，原位于小山南麓上原黄子久隐居处。其后代子孙以黄子久为始祖，繁衍于小山南麓下黄家巷[1]。

至一八一七年（清嘉庆二十二年），黄子久十六世孙黄泰[2]，买下虞山西麓小石洞旁几座山地，俗称"黄家山"。黄泰将小山南麓上的黄子久墓，迁于黄家山下南坡（现址）。有《常熟县志》和《虞山黄氏五集》载，清嘉庆二十二年（1817），黄子久十六世孙黄泰（虞山小山人，清乾隆五十九年举人，历任四川铜梁、永宁、隆昌、岳安等地知县，撰编有《大痴道人集》《亦闻集》等"黄氏五集"），买下虞山西麓山地（史称黄家山），将小山南麓上家坟墓地中的黄子久墓，迁葬于虞山西麓小云栖寺左下方黄家山，即现在虞山石洞景区内。

清嘉庆年间，从黄子久十九世孙黄浩[3]开始，小山黄氏在小山西北

---

[1] 见《常昭合志》。在常熟虞山西麓黄家山坡下，有黄子久墓，左侧有黄氏家祠，坡前有村落，称黄家巷（如今常被误作为"王家弄"）。

[2] 见《常昭合志》。黄泰为黄子久十六世孙，乾隆五十九年举人，曾出任四川铜梁、永宁、隆昌、安岳等地知县，有政声。擅山水，宗黄公望笔意，八十余岁卒。

[3]《大墅桥黄氏传承录》载，黄浩为黄子久十九世孙，清道光二十二年置田五百亩，在大墅镇上建黄氏义庄，分赡贫族。

下一里处大墅桥边建黄氏义庄、黄家房、响板桥、黄家宅等，族人分次迁居大墅桥。小山南麓下黄家巷旧宅，则留给了守墓、看祠人居住，守墓、看祠人从此亦改姓为黄，并世代居黄家巷至今。

黄子久墓及祠

古时，黄子久墓周围（现石洞景区）有"冷泉书院"（又名老石洞），与"露珠泉"（又名小石洞）著称，两石洞间相距甚近，多有山石巨崖。因山石高巨、山崖幽深，故文人雅士又把老石洞所在处，称为"大黄崖"，把小石洞所在处，称作"小黄崖"。

老石洞，在小石洞右侧约百步处。据历代常熟县志载，老石洞，洞口原有题额"冷泉"二字。老石洞洞深数十米，有石级曲折而下。洞中无水，入洞须秉烛以行，前后数十步，凛若寒冬。《常昭合志》载，清代末期小山人季厚镕[1]曾在洞中题刻了"秉烛游"三字，至今仍清晰可见。当年，季厚镕在老石洞前建季家祠，还在老石洞前，构筑房屋数楹，建牌坊一座曰"古今三庙"，以纪念巫咸、姜尚、虞仲。不过也有人认为，这"古今三庙"，也有可能是季厚镕为其先祖吴高士季札、汉孝子黄香，以及元画家黄子久三人的。因季厚镕研究认为，历史上虞山西麓这处"冷泉"（老石洞），曾有姜尚、虞仲、黄子久在这洞中读书生活隐居过。

季厚镕对黄子久特别崇拜，他在老石洞内一室刻有"仙老此洞，

---

[1]《常昭合志》载，季厚镕，字子陶，别署，太公执钓竿人，工篆、隶，清末虞山西麓邹巷藤溪人。有居曰"古藤别墅"。

痴大于黄"。老石洞又称石屋洞、石洞书院，曾是文人雅士聚集的地方。如今，原洞前的房屋虽早已毁掉了，但洞口右壁仍有其"陶翁醉题"石刻遗迹。

据邓琳的《虞乡志略》记载：大石洞，亦名老虎洞。今有季氏建家庙于上，刻石殆遍。黄崖，在小石洞西（右侧）数十步，上曰：大黄崖，下曰：小黄崖。相传黄公望隐其下，其后子姓聚居，俗呼黄家巷。可见，小山黄氏与大（老）石洞、小石洞的渊源。

清初常熟画家吴历，在寻访黄子久旧居时，题《黄子久虞山小筑》诗中道："痴黄小筑傍溪湾，松径萧萧木叶斑。秋静绝无游屐到，一峰苍翠板桥间。"

清初学者吴历，在诗中提到的"痴黄小筑"，即是黄子久在虞山小山南麓隐居的茅舍，诗中提到的"板桥"，即是当时的石板桥"湖桥"。湖桥距虞山西麓小云栖寺和"痴黄小筑"五六百步之遥。见《常昭合志》载：旧《志》云"盖黄子久登石梁饮酒，即湖桥也。杨公或重建耳。其东堍有亭，相传为黄大痴酒亭……沈石友《黄大痴酒亭歌》云：'是时天下已入明，臣素革履橐橐声'。"可见，湖桥也是黄子久时常去作画饮酒的地方。

清嘉庆二十二年迁后的黄子久墓，背靠虞山，俯视小山。墓地有罗城、拜台、石级、墓道和单间冲天式石牌坊，墓前侧建黄子久祠，祠堂有山门。山门上悬"黄氏家祠"额。

清末里人季厚镕为祠堂正厅左右侧书有对联一对，曰：

公亦痴，我亦痴，过黄崖埋骨处，时情痴到颠、狂、野。

品愈高，才愈高，传尚湖钓雪图，画笔高出唐、宋、明。

黄子久灵位的发现

　　据常熟市图书馆原馆长、研究馆员李烨先生研究发现："民国时期虞山人金鹤冲[1]，被虞山小山黄氏后人请为《小山黄氏族谱》的编纂者，金鹤冲为了弄清黄公望的卒年时间，与小山黄氏族人一起，到位于虞山西麓的黄氏祠堂进行查看，对祠堂内的牌位逐一进行清理登记，终于发现了黄公望的牌位，见上书其：生年是南宋咸淳五年（1269）八月十五日，卒年为元至正十四年（1354）十月二十五日。"李烨先生说："可惜族谱编纂完成后没有刊印，稿本至今已无下落。但金先生撰文记述了发现黄公望卒年的经过，另为家谱所写了《大痴道人家传》一文，收录在其《暗泾文钞》中。"为我们如今研究黄子久，提供了重要的线索。

---

　　[1] 金鹤冲，字叔远（1873—1960），晚号暗泾老人，古文学家，塘桥金村人。十九岁撰写《读三国志札记》，二十一岁中秀才，善古文辞。清光绪二十三年，任教苏州中西书院。光绪三十三年，任教上海同济德文医学堂。民国七年返归故里，设开设私塾教授学生三十年。新中国成立后受聘为江苏省文史馆馆员。著有《钱牧斋年谱》《金村小志》《暗泾文钞》《文谈》《札记》若干卷，并参与编纂重修《常昭合志》等。

黄子久后代纪念大痴公

　　小山的黄子久后代子孙，都传称黄子久为"大痴公"。在一九二四年，也是黄子久逝世五百七十周年之际，小山黄子久的后人，在纪念黄子久时，题诗于"黄一峰子久先生画像"道："缅怀五百七十载，文采风流今尚存。标榜艺林称画圣，继承家学有文孙。空教烟水明湖曲，只剩藤萝绕墓门。遗像清高垂后世，超然物外古风敦。先民笠屐风流杳，旷代相思一惘然。空谷孤松标骨骼，故家遗墨富云烟。尊罍几醉湖桥月，杖屦闲寻石屋泉。瞻拜典型图画里，瓣香暗祝赋诗篇。"全诗通篇叙述了作为黄子久后人对黄子久的敬仰和怀念，并且向先祖告慰，氏后人中人才辈出，继承黄子久丹青之志者有之，继承黄子久学风者不乏。

　　至二十世纪中期，约四十年代末，虞山有黄子久二十二世孙黄颂康[1]为代表，仍继承了黄子久的丹青之技。根据程瘿鹤著，程芝铨编的《师竹庐诗钞》中所载剑樵的《同社招饮惠乐园赋此奉酬》诗："忽遇十年前旧雨，尊罍相劝话偏殷。画师高节云林上，处士清风泉石间。漫道青衫无远志，休教黄菊笑酡颜。羡君克绍一峰业，后起犹能炳豹斑。"

　　[1]《大墅桥黄氏传承录》载，黄颂康，号剑樵，擅山水画、诗文，是黄氏义庄末代掌门人，黄子久二十二世孙。

诗中指落笔能绘画的自己，作为黄子久二十二世孙，听从朋友的劝教，继承了先祖黄子久的遗风，对得起这秀丽虞山的漫山黄菊，也告慰了先祖的在天之灵。

吴湖帆寻访黄子久墓

一九四三年六月，吴湖帆到常熟虞山寻访黄子久墓后，写下一篇文字，曰《访虞山黄子久墓记》：

"元高士黄大痴墓，在常熟虞山西麓，由西门循山塘而上，至宝岩寺，取道至小石洞，山径约二里，道旁有一石碣文曰：元高士黄大痴墓道。碑脚一部分已陷土中。墓道二字，非细审不易辨。羊肠小径迤逦深入百数武，山岗蜿蜒，痴老之墓在焉。一坏而外，荒凉寥寂，濯濯无寸树。墓后又一碑，曰：元高士黄一峰之墓（高士二字并书），墓碑不立诸墓前，而树于坟后，盖虞地习俗也。游访至此，凭吊遗迹，式礼先贤，不觉敬爷与感喟交并。夫痴老为有宋遗民，南宋鼻祖，遗墨流传，仅存富春山居图卷数事而已（富春山居图卷藏故宫博物院，其烬余首段号为剩山图者，今藏余梅景书屋）。乃其遗坟荒废至此，修葺整治，岂容或级，尚待海内同文，有以助成之，后之游者，自白鸽峰翁相国祠而往，盖犹不足里许耳。是日同游者，为陈小蝶、陈子清二兄，暨门生陆抑非，澄志云（二君皆常熟人）等。并知痴翁后裔，现居离城十里之大义桥，先客斋公于光绪十七年，曾为黄秋涛先生撰篆大义桥黄氏义庄记云。民国三十二年六月。"

此文于一九四三年六月十二日刊登于《申报》第四版上。

古今吟咏黄子久

浦仲诚 搜辑

　　黄子久是常熟小山人，在其逝世后，后代为其立黄子久墓，黄子
久祠初建于元代正德年间，原位于与虞山西麓相连的小山南麓黄子久
墓侧。

　　清代嘉庆年间，黄子久十六世孙黄泰将墓迁于虞山西麓（俗称黄家
山），祠亦移建于墓侧山坡。其祠堂正三间二厢房。主室内供黄氏各代
亡人灵位，民国时期常熟人金鹤冲，为修《小山黄氏宗谱》，曾在其祠
堂内考察发现了黄子久的灵位，上注有黄子久生卒年月为：生年南宋咸
淳五年（1269）八月十五日，卒年元至正十四年（1354）十月二十五日。
祠堂有山门，上悬"黄氏家祠"额，清末，里人季厚镕为祠堂正厅左
右侧书有对联一对，曰：

　　　　公亦痴，我亦痴，过黄崖埋骨处，时情痴到颠、狂、野，
　　　　品愈高，才愈高，传尚湖钓雪图，画笔高出唐、宋、明。

与黄子久和小山村相关的流传于世的诗文搜辑如下：

元代诗人郑元佑作的七言诗：

寄黄山人子久

众人皆黠我独痴，头蓬面皱丝鬓垂。
勇投南山刺白额，饥缘东岭采青芝。
仲雍山址归休日，尚余平生五彩笔。
画山画水画楼台，万态春云研砌出。
只今年已八十余，无复再投先范书。
留得读书眼如月，万古清光满太虚。

元代诗人王逢七言律诗：

赠黄子久

十年淞上筑仙关，猿鹤如童守大还。
古旧尽骑箕尾去，渔樵常共水云间。
吹笙夜半桃花碧，依仗春深竹笋斑。
顾我丹台名有在，几时来隐陆机山。

元代诗人袁易五言诗：

独坐怀子久

衡门处旧巷，莲高散空垣。

卧起但书帙，往来寡车辕。

独谣谁与和，风叶一骚然。

茅檐日可爱，南窗明更暄。

苍筼送秋影，忽作虬龙翻。

人生耳目娱，岂在声色间。

欣然会心处，欲写竟忘言。

袁易五言诗：

再怀子久

良友多隔阔，渺若参与商。

众中见快士，蔚然江夏黄。

辞章发华藻，眉目宛清扬。

如瞻晨星辉，煜煜吐寒芒。

相逢车马边，俗尘不可障。

欲伸慷慨怀，告别复忽忙。

具区数泽深。高天云路长。

愿为双鸿鹄，与子俱飞翔。

明代万历年，诗人王雅宜七言绝句：

题《虞山图》诗二

（一）

绕廊围屏十八里，尚湖华荡舒其间。

山明水丽照斜日，一片天池万朵莲。

（二）

芙蓉叠壁错奇锦，琉璃千顷摇空前。

把酒掀帘发长啸，真堪狂杀米南宫。

明万历年，诗人钱达道题《虞山图记》词：

其居倚山面湖，僻静寂历，杳无人踪。而奇花异草，含丹吐白者、布满阶前。舍后灵禽怪鸟，瞅鸣啸号，杂沓盈耳。

明万历年，有诗人张应遴与钱达道，合题词于《虞山记》曰：

元高士黄之久浩饮桥上，投婴水中，全碍舟行。（张应遴）

黄之久把酒看山，婴馨即投桥下，水为不流。（钱达道）

明代诗人吴恩七言绝句：

寄小山外史

孤峰隐隐重淮南，斗拔东南亦具瞻。
明月半岩风半榻，不知吹乱碧云衫。

明代诗人陈王政七言律诗：

小山

山尽犹余不尽山，分来莲岛落人间。
芙蓉翠削峰千仞，荔薜阴迷路几弯。
日暮湘帘和雨卷，林深茅屋带云关。
小窗月白良宵永，一榻梅花鹤梦闲。

明代诗人桑瑾七言律句：

游小山

西湖一曲入村遥，风送花香人酒飘。
行尽清溪方见寺，忽逢飞瀑又凭桥。

家家茅屋霏茶霭，处处莺声在柳条。

今夜东堂谁是主，抱琴僧渡夕阳舫。

明代诗人卢昭七言绝句：

登楼望虞山

海虞之上何峨峨，连冈百里青参嵯。

巫咸却立在其左，芙蓉倒蘸澄湖波。

元代和黄大痴相关的诗文，传世尚多，同时代人题黄大痴画作的，约有百首（黄大痴题赠他人的另计），在这里补充几首"元四家"中倪云林和吴仲圭的。

吴仲圭：

子久《春山仙隐》

山家处处面芙蓉，一曲溪歌锦浪中。

隔岸游人何处去，数声鸡犬夕阳红。

子久为徐元度卷

木落空山秋气高，一声疏磬出林皋。
归帆点点知何处，满目苍烟尚未消。

倪云林两首：

题黄子久画

白鸥飞处碧山明，思入云松第几层。
能画大痴黄老子，与人无爱也无憎。

题大痴画

大痴画格超凡俗，咫尺关河千里遥。
惟有高人赵荣禄，赏伊幽意近清标。

杨无恙：

西山寻黄大痴墓

此身原是赘，薇蕨首阳巅。昔醉湖桥月，今倾石屋泉。

灵机开变轴，元气泄真诠。亦有王杨墓，牛羊草莽烟。

清初常熟画家吴历 寻访黄公望旧居题：

黄子久虞山小筑

痴黄小筑傍溪湾，松径萧萧木叶斑。

秋静绝无游屐到，一峰苍翠板桥间。

一九二四年，黄公望 570 周年纪念，黄公望后人题：

黄一峰子久先生画像

（一）

缅怀五百七十载，文采风流今尚存。

标榜艺林称画圣，继承家学有文孙[①]。

空教烟水明湖曲，只剩藤萝绕墓门。

遗像清高垂后世，超然物外古风敦。

（二）

先民笠屐风流杳，旷代相思一惘然。

空谷孤松标骨骼，故家遗墨富云烟。

尊罍几醉湖桥月，杖屦闲寻石屋泉。

瞻拜典型图画里，瓣香暗祝赋诗篇。

剑樵②:《同社招饮惠乐园赋此奉酬》

忽遇十年前旧雨,尊罍相劝话偏殷。

画师高节云林上,处士清风泉石间。

漫道青衫无远志,休教黄菊笑酡颜。

羡君克绍一峰业,后起犹能炳豹斑。

注:录自《师竹庐诗钞》,程瓌鹤著,程芝铨编。
①指落笔能绘画的黄颂康。
②剑樵,即黄子久二十二世孙黄颂康。

题黄公望逝世六百三十周年纪念

湖桥西畔棹曾停,落落乾坤一草亭。

万古名齐清閟阁,全真诀在玉函经。

焚余画卷同焦尾,想象高风到酒瓶。

今日虞乡开盛会,沧江虹月结扬舲。

作者吴正明,为已故常熟市文史专家、常熟市黄公望文化研究会原顾问。

筲箕泉访古

西湖 鲍志成

浴鹄沉碧鉴玉岑，樱雪翻飞落岩根。

春日重游筲箕湾，晴昼乍暖人纷纷。

坡仙子久慧因深，护法归隐皆成谶。

贤首道场第一山，如今识得有几人。

昨日陪公望故里虞山浦兄等文友访古筲箕泉，瞻礼东坡亭，海棠春酣，樱花如雪，花木扶疏，游人如织，不胜春景之明丽，难堪春日之乍暖也！

二〇一五年三月二十九日

《筲箕泉访古》步鲍志成先生韵

虞山 浦仲诚

赭染艳阳到玉岑，泉流清清浸岩根。

春觅子久筲箕湾，海棠落英舞纷纷。

西湖南畔赤埠深，一泓涵澹亦情真。

虞峰兔岭皆名山，古往今来藏贤人。

三月二十八日，驱车数百里，至西湖之南赤山，觅大痴道人子久当年隐居之所筲箕泉。缓步泉畔，瞻拜东坡亭，见浴鹄湾里海棠怒放，子久草堂边樱花如雪，溪水潺潺，聆听西湖正文兄言古道典，得其指点教授，乃受益匪浅矣。

　　　　　　　　　　　　　　　　　二〇一五年四月三日

后　记

　　经历二十余年来漫长的探索、调研、考证和累积，把收集到的上千条碎片进行梳捋，又在近三年来的准备后，在今年春，终于斗胆开始编撰《黄公望年谱考略》这本拙著。

　　黄子久是一位元代历史人物，而元代史料中，对黄子久这样一个平民人物的笔墨，实在少得可怜。但黄子久又是我国文化史，尤其是美术史中不得不提到的一位伟大画家。我曾多次这样思考过，历史人物所留给我们后世人的文化遗产，尤其是他们身上所体现出来的人格修养，可以反映出他所处时代的基本状态。通过不断研究而了解这些历史人物，是让我们现代人了解某一历史时代变迁的有效途径，也是学者自身学养和价值取向的充分体现。

　　鉴于上述，我致力于探索、研究黄子久的生平历史和他"淡泊名利，热爱家乡，钻研艺术，不倦不休"的文化精神，努力去解破他一生中的许多谜团，力争为世人还原一个真实的黄子久，为此从未敢懈怠过。如今本书即将付梓，心里既感到欣慰，又感到忐忑。

　　考虑到黄子久一生身份复杂，命途多舛，因此在编撰本书时，把黄子久所处时代背景、重要邑间之事，以及国家大事等，作为其时代背景参考而列编于谱中，目的是让读者基本了解到他所处时代的变迁和社会状态，以及时代形势对黄子久人格修养所产生的影响。

　　作为平民文人画家，黄子久一生是非凡的，但又是扑朔迷离的。鉴于历史的久远和有关他个人史料的严重缺失，要完整无缺地编好他的年谱，目前似乎尚难做到。但又鉴于社会各界朋友的敦促及期盼和鼓励，我就不妨努力和辛苦一下。在拙著中，尽量把在研究黄子久生平时新发现的"史料及存疑点"，编注于年谱中，以与学人共探讨。同时，毕竟是初次尝试"年谱"的编撰，难免有失误之处，望专家、读者们海涵。

　　在此，衷心感谢常熟市对外文化交流促进会理事长秦卫星女士等领导对拙著出版的关心和大力支持，衷心感谢常熟市常福街道办事处程锋、韩晓诚等领导对拙著出版的关心和大力支持，衷心感谢著名书法家吴苇先生为本著出版而热心帮助处理相关事务，衷心感谢时任常熟市文联主席的梁盾先生为拙著题写书名，衷心感谢《中国美术教育》主编、南京师范大学教授崔卫博士为拙著精心勘误并作序，衷心感谢上海顾野王文化研究院院长蒋志明教授为拙著细心校阅，衷心感谢浙江文史专家鲍志成研究员为拙著认真校阅勘误，衷心感谢常熟文史专家钱文辉先生为拙著精心校阅并作序，衷心感谢著名作家陈武先生为拙著出版精心筹划，衷心感谢常熟市地方志办原主任科员浦君芝先生和常熟图书馆原馆长、研究馆员李烨先生为拙著认真勘误，衷心感谢常熟作家协会副主席潘吉先生和女书法家吴晓燕女士为拙著文字作细心校勘；同时，对所有关心、支持拙著出版的领导和朋友们表示诚挚的谢意。

　　谨是为记。

浦仲诚

于虞山下　隐梅斋

二〇二一年十二月十八日